CW01430889

Hikayat e Dil

The Story of the Heart

SUHAIL MALIK

BlueRose ONE
Stories Matter

BlueRose ONE
Stories Matter

For permissions requests or inquiries regarding this publication, please contact:

BLUEROSE PUBLISHERS
www.BlueRoseONE.com
info@bluerosepublishers.com
+91 8882 898 898
+4407342408967

ISBN: 978-93-5611-535-4

Printed in INDIA

Cover design: [Aveek]
Typesetting: [Rohit]

First Edition: June 2023

Dedicated

For the most beautiful and
Forbearance Lady, My sister
"Fareeda Akhter"

in

Heaven

∞

Acknowledgment

We, humans, are blessed to have beautiful people in our lives that took us to the path and taught us why we are meant to be in this world. It is to be believed that each one comes into our lives to take us towards our destiny they act as steps and keep us moving forward. I am blessed and it is a fortune for me to be in contact with Mavlana Rumi it is imaginary I know but is strong. His feel and essence change my whole state of being, my way of thinking, and my reactions. The writings and thoughts of Mavlana Rumi are the food for my soul. I was raw when I started reading him. I used to be cooked and now I am on my way to maturity.

Two persons who played the most important roles in my life. Acted as powerful shields to protect me and guided me in every proposal of life's activities certainly. NAZIA ALI whose intense feel and presence enveloped my whole years till now since the age of 6 and I became hers only. She detached me from the whole world which is the most beautiful feeling to be on one path she is always marvelous and really a kind soul. The beauty of one soul resides in the other to enlighten the rest. I don't know where she is, but I pray for her to be happy and blessed always.

Another person a mature one summed up my life and holds me when there was no one he was only. DR IQBAL surprised me *with life's practical way and the best part he played was attaching and expressing my love towards my family which I learned from him. The theory of love was what I only know but what is its practical aspect he let me through it, he makes me realize that the beauty of life is the caring of family and considerations towards it. He paralleled my life as a guide and mentor I owe a lot to his highness.*

I became mature in the path of love with these people and I always obliged towards them. I am very thankful to my niece SADIYA HASSAN for this beautiful title. one of the most influential people who taught us how to read and write a poem Sir A R UNTOO thank you for everything. I am very thankful to one of my peers HLAL LONE who is always there for me and is my right hand. Without you all: this poetry book couldn't be possible I was ineligible to write a single word.

ALHAMDULILLAH

Commentary

The story of the heart is common to everyone as the heart is the only purest place in the human body, the way it reflects is the only difference one can understand as I do here.

With my surrounding on the small spot of the earth, my house rests upon, with the blueness of the sky, with solar and lunar rays, the murmur of water, splash of rain and whisper of snow, a shuffle of steps, the bustle of honks, warble of birds, the shimmer of fields, precept of peers I am growing with some possession like money, grace, command, enthusiasm and even imagination nesting in my lap. Yet I still hungered for the inward glory that only inspiration perhaps lends.

So, I decided to navigate the heart and explore it to find its story, what I discovered from my sacred navigation is the treasure of "Hikayat-e-Dil". It is hoped that its perusal will turn the reader into a sailor of inward depths.

To identify oneness is the only way left behind to find the God inside. The path has no end as God has no end. Go and discover yourself. This edition "Hikayat-e-Dil" will guide you on how to love oneness and its associated path.

This poetry book is divided into two parts the former is all about the feeling of the heart in connection with spirituality and the latter part includes all the thoughts of the heart with love and emotions. I mention the turn of my writing as there is a lot of changes before 2016 and after.

I surely mention the part of the journey I enjoyed a lot: writing poems at the railway stations when I was waiting for the train to come, and writing in the Airplanes when flights are announced to be delayed. In the Hotels after the meetings are over, you are all alone in a quiet environment. During those days of the lockdown when you were out of the home and living alone was a quite horrible experience but enjoyed it And those midnights when you just wake up and start writing and you don't know what I have written all about that kind of feeling was so deep and close to my heart whenever I remember the period it brings smile on my face and lightens the burden of my heart.

I wrote my first poem in 2006 as I was in 9th std. Since then the journey starts and the writing gets into my diary. Until 2016 I wrote several poems mostly related to emotions and the everyday journey. But it was in Feb. 2016 after my Friday prayers in Amritsar I entered one of the book stalls where I picked up the poetry of Mavlana Rumi. It was the very first time I start reading about him and his poetry.

And it changed my whole inner state: I started researching him, read a lot about the Sufi poet, and let him write what is now in the book of Spirituality. My way of writing gets changed and my thoughts entered into the deep matter. Mavlana Rumi is a kind *of feel: his writing and thoughts are living words when one reads him I am sure it will start to change his/her thoughts to oneness.*

Writing poetry is not an easy task: a writer is entering into the whole universe and until a poet gets that feel and a kind of thought within the settled environment can't write a single word. When we read any poem until we are in a state of deep feeling and can't relate the words in the sense that hasn't been written it down. Poetry is a thought and each thought brings you a story mostly poets used the painful moment to jot down their words: pain plays an important part in playing with the words.

The book of spirituality is all about the connection of the Lord Almighty: as we believe and have faith in it that this universe only exits as Allah has sent down his Messenger (SAW) and the whole universe is made for and as for Love: the kind of feeling when one is remembering his Lord is a desperate art and to be in that is the true peace. The book of spirituality is the journey of purity which only comes when you read or have linked with the purest heart.

Book of Love is another part of this book that tends to let you feel the current state of your life, and the relationship with human beings, I mean to say your parents, family, siblings, friends, and beloved. In this very small part of the land, we have a social circle where we live every happiness and emotions with them. They complete our life and they are there for us always. Love is the most beautiful feeling it is a gift and one needs to respect his feelings and also respect the feelings of his/her connection. Time tends to move it will never come back to us to give us a chance to correct the misshapenness' or what else. So, whatever is in our kitty we must be thankful and accept the blessing of love.

Contents

Devout & book of spirituality

Pray for me 3

Secrets 4

Garden of roses 5

Morning call 6

Empty soul 7

Smell muddy 8

Carpet weaver 9

Will I explain? 11

Burning smell 12

Separation 14

Pure 15

Stay for a while 16

Caring satan 17

A Trust 18

Adrift 19

Seized Heart 20

Mask 21

Do I call 22

120 days 23

Yourself to yourself 24

I see you 25

Listen o listen 26

Whom to call 27

Define the definition 29

Verse of satisfaction 30

Belief of truth 31

Waiting 32

A piece of happiness 33

Lost in heaven 34

Finally i 35

Forget 37

Tumult tempestuousness 39

Jogi 41

No 43

One 45

Drop by drop 47

Escort 49

Repent again 52

Iqbal 53

Ignore if I say 55

Dream of dark 56

Call me again 58

Once beloved call 60

Difference stands 61

I don't 64

Trust or not 65

How can i 66

Dua 68

Kya milega...69

Fikr main teri main 70

Awargi...71

Boldo ki azaad hai...72

Yeh tanhayi hai...73

Musafir...74

Chand mila 75

Aao sunata hoon 76

Safar 78

Kahaan ho bata do 79

Wajood...80

Agar ishq hota...81

Ho bas tumse ho...82

Jurm...83

Qissa reh gaya...85

Habibi habibi...87

Aqal ka hissa...89

Khamoshi...90

Kuch ulta pulta 91

Allah...93

Khali pan...94

Kabhi yun bhi toh ho.......................................95

Paigambar 96

Nishaan-e-qalab 97

Kya talaash hai 98

Wohi Khuda hai...100

Jashn e alfaaz..101

Conversation 102

Jashn e shor Book of Love

Winter is coming..107

Towards your town..108

An idiot watermelon 109

Hidden 110

You're town 111

Counting 21 years..112

What I added 113

Again being truth..114

Tout idiocy..115

Flower 116

Rewind me and if I smile 117

Life in art..119

War..120

Error..121

Best of my country..122

As I left home..123

If I wish to be born again 124

Curfewed time..125

Home..126

Funny so 127

A letter to my parents..129

Early rise..130

Presence 131

Red all it is 133

Making melodies in my heart 134

Early rise 135

Fruit of life 137

Shell 139

Am poet if 141

Earthy pain 143

Silence speaks pain 145

Trust or not 147

Painful person 148

You 149

Gain with pain 150

Leak 151

Modern friends 153

My sunshine 154

Intense feeling 156

My death 157

Missing my friend 158

Everyone and me...160

Right and right 161

Aisi halat ho 162

Aakhir usne 163

Kyun doondhoon mein...164

Waqt ho 165

Din 166

Rehne dein 167

Farq padta hai 168

Tum kaise rahein 169

Aadat gayi kahaan 170

Muqam-e-manzil 171

Jawaab kya ho 173

Zikr 174

Tum mere mehboob 175

Sukoon ke pal 176

Zindagi 177

Ek tarfa tab 178

Mein nahi jaanti 179

Ab tootta nahi mein 180

Khushiyaan ab tum se 181

Kabhi kabhi yaad karta hoon 182

Yeh kaise howa ki 183

Jo bhi hai mujhse hai 184

Ab is intizaar ko 185

Suna tha ki woh 186

Tera gumaan hota 187

Yaad Teri 188

Koi aur kahaan 189

Sabr ab kahaan 190

Chote se dil ko 191

Zid thi meri 192

Intizaar 193

Phir jo miley hum 194

Woh chala gaya.. 195

Mein aur Saathi..196

Hamari suni sunayi si kahani 197

Chaand aur bulbul 198

Betabiyaan..199

Meri halat 200

Ae dil 201

Khatir tere 203

Aas pass ho 204

Woh raat hojaye 205

Tu gaya toh kya howa................................207

Aksar dairr karta hoon................................210

Wazir..211

Ustaad.. 212

Mausam 213

Halaat-e-dil 214

Dil ki takhti 216

Aasifa 217

Ek sadi baad 219

Abhi abhi 220

Irada 221

Mujhe kuch yaad nahi 222

Tum shayed tumhi................................ 224

Mujhe sab yaad hai zara zara................................225

Ek aur saal gaya 228

Matlab toh gaib se 230

Veeraniyaan 231

Wohi thi 232

Jaane kaisi hogi 233

Mubarak ho 234

Aaj ki baat 235

Teri Yaad 236

Darwazah 237

Khudgarz 238

Dua 239

Dastak 240

Mujhe jeene do 241

Mera hissa mera qissa hai 242

Chalein 243

Kyun aisa hota hai 244

Awaaz de do 245

Din-ba-din 246

Aisa Kyun 247

Hum hai 248

Random verses 249

Zindagi Duniya 254

Silwatein 1 256

Silwatein 2 257

Tum hote toh 259

Yeh kis mausam ki baarish hai 261

Yeh kis mausam ki baarish hai 2 262

Daraa diya 263

Sirf tum 264

Woh dekhta hoon 265

Tum aaye nahi 267

Kash 268

Awaara ho 269

Tum pass aarahe ho 270

Aisi subah phir kab hogi 271

Khawaab 272

Jawaab-e-khawaab 278

Devout

&

book of spirituality

∞

Pray for me

This night doesn't let me sleep,
I ask the stars, please pray for me.
A blue light once appeared in my chest,
When I last looked up to the sky and lost my balance.

I see a fire inside me, orange, yellow, and flame rays,
Why didn't I wet my cheeks, you may ask the ways.
I found a world of joy for my dreams,
Now I am inept in the business of cure, remedy, and beams.

Should I ask for that prayer again?
Until I burn inside, get cooked, and attain the gains.

Secrets

Listen to the words of scent,
They will take you where,
No one meets another.
So, listen and be silent.

Garden of roses

I am in the garden of roses,
I pluck a red, pink, and skin one.
The scent transports me to another world,
A world of beauty.
There are no thorns,
No horns,
No sorrow.
Life is full of cotton clouds.
I suddenly feel a sharp pain,
My finger reminds me of the roses,
It tells me I have separated it from its family.
I see sorrow,
Hear noise,
And witness a dark world.

Morning call

Each morning calls a new life after a dreadful dark,

A bright light falls on the shadows of a large winter fall.

As the new bloom begins to toss their heads in the coming eye spring.

The musical autumn begins to clap with the falling leaves.

Each night calls a beloved after a hectic light.

After a tired day comes to an end embrace the snow

As the rain begins to kiss the earth's surface meets at each winter time.

The chain of seasons begins to follow one another systematically.

Empty soul

I am quiet,

For so long.

I have secrets.

I keep all within,

Silence is for an empty soul,

If you want to know,

Ask Rumi,

He knows me; since,

We too mix with it,

Called it love.

Smell muddy

Raindrops fall into the mud,

Look it turns into dirt,

And smell muddy.

As pure love,

Fall the same scene,

It comes out the petals,

Of the red roses.

And surprised, asks,

Who brushes you the color,

How can it reply?

For the lover it is sure,

To scent its deep,

Around it's over.

Again its silence keeps,

It's all scents,

Ask Rumi for the same.

He knows how to be quiet at all in love.

Carpet weaver

I couldn't sleep that night,
and this morning is full of essence.
> *I was looking for the reason behind*
> *But I don't know why couldn't get any.*
So I start weaving my carpet
Which was half done earlier
> *I tried to match that design*
> *Flowers, leaves, geometric, and on*
Where my concentration was,
Who I was with and thinking about
> *This time I didn't get thirsty,*
> *No hunger, no cold, no tiredness*
All I smell is the scent of
Unknown feelings, a unique one
> *Where I, my mind is, I don't*
> *Something was calling inside*
As it was a complete afternoon,
Azaan reminds me of the end
> *I detached from the work,*
> *All I see is the face*
The face on the carpet
That I weaved, who?

Do I laugh or what?

Now I understand I am a love weaver.

It was really beautiful,

What it was I don't know.

Do I draw flowers and all,

Do I match that earlier?

The scent of that was

The altar spread on it

This is my beloved and

All I loved was my carpet.

Now I got to get to work,

To look and search for the face.

Where, how, and who I am

Now looking for where,

Now I am a carpet weaver.

Will I explain?

Do you allow me to say?
I am so sorry.
Will I explain?
Khawaja, I know your work,
You make it through hard,
Sure you get a gift,
Rewards.
But I didn't find that love in you.
Also, Hamadan you care,
Through long, very long,
And changed whole,
Your will, your love,
You will be rewarded.
It's all empty, I didn't find that love.
They worked so strong,
Under the threat, in love,
For love,
But I found it all in, tell him,
Rumi.

Burning smell

Strangers as we met,

With each passing time,

We came closer.

Still, we don't trust one another.

I do have your address,

You know me very well,

I always come to you,

You never initiate yourself,

It's not inept of me.

I know the burning smell,

To imagine you I spend-

Spend till heaven.

The scented words are all I get,

And thoughts of how lucky I am.

I do try to write those for your silence.

Oh! Rumi-

I am waiting for your call,

How long do you take?

Now we are no more,

Like we're strangers.

Souls aren't apart,

How long.

Come for a cure,
Come for remedy.
Else it may not,
To say, you are very, very late.
As the others may have come earlier.
Come for the empty silence.

Separation

I remember. We just met.

It was a smile on your cheeks.

Now, when I shake my hands.

Warm your feeling armed that band,

I know next is to hug.

And I saw eyes in tears full of a mug.

Silent you will be again.

But it is kiss and my gain.

Oh! It seems it's after an eon.

When two lips meet beyond.

I am sure, to recognize whose breath

I breathe in, you breathe out its leak.

> I can't write that lines further.
>
> You know it, for me it's a bother.
>
> I do cry inside, for the feel.
>
> You know I have everything, no zeal.
>
> How long we will stay distant?
>
> Call me or call me instantly
>
> how long it is—
>
> Come to cure
>
> Come to remedy.

Pure

I call it every day.

It disappears and stays.

You are pure in.

You are played bin.

Again it let me hey!

Do I am the same pure way?

Recall and repeat said.

Do inside you, you find.

I ask for the moment.

It laughs and laughs Gourmont.

Close your eyes, and enter.

In the silence of the hearts room.

You are pure.

You are pure.

Stay for a while

I do hear my heartbeat.

It is strange, ahh strange to me.

I do recognize of pulsebeat is unknown, unknown to me.

> For the time I do stick up.
>
> I wander around on my own.
>
> It reaches my way to you.
>
> You! You I smile like me.

I do hear your heartbeat.

It is the same, "ahh" same to me.

I do recognize your pulsebeat

It is known, known to me.

> For this time I do heat up.
>
> I am triumphant, only with you.
>
> This is the way for me
>
> Me, me I ask you.

Stay for a while; for me.

Stay for a while; to me.

Stay for a while; for you.

Stay for a while; to you.

Caring satan

Isn't Satan inept?

Being a pauper, he followed, followed, followed...

Asking me for the taste of sin: I do...

Thank you! After I versed and I called my lord.

Isn't Satan idiotic?

Asking me for the wine the Red one... I do...

Thank you, after I gable and Mesmerize my lord.

I cry and I cry for repentance! My lord.

A Trust

Breaking the barrier or a carrier.
It won't take higher and higher.
>*Don't feel down, as you break in,*
>*Have the lean thought and fly in.*
Do you believe it? Two wings speed faster,
Cracks burn the spirit and take duster.
>*A speed of every hand, an hour, a minute.*
>*Once realized a path, may have joy or mute.*
Since it's over an out of the situation,
Do you believe it's life and its fixation?
>*Have the power of trust and truth.*
Life will be a giant, huge myth.

Adrift

Lo... static splashes odium worst,
Lo... I don't acquiesce.
> *Jollity to my beloved,*
> *In the scent of being infallible.*
A relation of ensanguines,
Still, shipwreck my virtues.
> *I don't... lo, don't mean.*
Still, looking for my beloved,
I am adrift from mountain to mountain.
> *Lo... I don't fruition of any.*
I adrift from Sahra to the desert,
I, flow with Ganga to Jhelum.
> *Lo... I don't let my adorer.*
I adrift since,
> *I adrift now*
Still not slake my tumult.

Seized Heart

The turncoat ways,
The difference in choices.
     I ask you to choose one,
     Confusion-confusion.
Mind is playing critics,
But the stupid hearts don't.
     The stages will never end,
     But this path has one.
So I said again to follow,
It's confusing in the manner.
     Let me come out of prison,
     Do confuse my knots again.
I will escort it forever,
The stupid heart is in favor.
     Does it go away any obstacles?
     Let it decide its way in.

Mask

Smile, smile bring life in,

    I veiled several secrets within.

They ask me to say for any,

    I laugh in loud, seemed so funny.

Inside I patted myself for care,

    They found it serious and pure.

Why should I reveal my lock?

    I have rights for everything block.

They waved me hand to thank me,

    I smiled in blessing to your frankness.

I reached my placid state,

    I do cry, cry but I am late.

As I looked up to the sky I ask,

    Thank you very much for the mask.

Do I call

All the time I disturb my mind,

What lies in it, thinking of error?

The worst I do, I enjoy it too.

I do, keep till I end up ill.

Don't I call you, who.

I do call you, how.

The gains of done, disturb anyone.

I remember, and then I call.

I am an optimist about the result am static.

As it is done, think of fun.

See the worst placid in me like none.

It sometimes burst me not having fun.

I flow through it for time second

But again, I disturb my mind.

Then don't I call you, who.

I do call you, slow.

120 days

All time I am free to be,
Only I need 120 days.
>   *First 40 for why I am in.*
>   *Looking surprised all.*
Second 40 for when I will be,
Looking for a miracle.
>   *Last 40 for smiling,*
>   *Looking as I succeed.*

Yourself to yourself

Go to the rocks, dead mountains,
Beneath the sea, under the crust.
      Hold the thing, polish the ring,
      In front of you now, mirror in string.
Open your eyes,
See the soul,
In the mirror,
From yourself,
To yourself.

I see you

As the day passed,
Darkness overcomes it.
  I feel frightened
  I feel alone in a crowded mass.
  I looked around for you.
  But all I is the darkness.
As I cried once,
In the tone of love,
As I call once in the
Silence of love.
  Since I heard the sweet voice,
  The voice of love.
  It called my name in a soft tone,
  The darkness into a glittering light.
  I see you.
My beloved, I see you.

Listen o listen

In the dark light,

The light finally appears.

Since I stay potentially placid.

I call, call.

My voice declined at the end.

Every hope ashes it away.

I let soul nap as.

Suddenly the disturbance of the light.

So I mean I have been,

I was cried listen o listen,

Replied you have to.

Remedy I ask.

The care I cry for.

I am in the dark light.

Whom to call

In a trap of sin,
A force of nonetheless.
    I was forced to come out in,
    Heavenly I failed of own.
Looking around for a call,
Find none in certain.
    I finally lost, I lose.
    Gabbled an old remember call.
Beloved, my beloved is enough
And the greatest maker of any.
    I fall into a deep nap.
    A dream like I am.
But a sudden sound of,
Disturb me like havoc.
    I try to avoid it.
    As I opened my eyes.
Huh! What I see is
A charismatic stage.
    I am free and free.
    Fall of drop in my heart.

A force of call,
I found a force of call.
Beloved whom I call.
Other than, whom I call.

Define the definition

Though my thought is up to me.
I follow and am null.
    Suppressed with the joy of un-
    As I get sudden a fun.
It makes me think for a while,
I stormed with its blossom air.
    Your plan for me is higher.
    My beloved, I fly higher than air.
A call to understand.
Even in the small mind.
    The very pious heart thinks for.
    A dirty mind let it err.
But your game is strategic.
I understand your definition.
    Now, my beloved don't worry.
    As your definition for me is defined.
I will fly, fly like none.
Holding your name in wan*
    Do I worry now after?
    As the beloved is with me.

Verse of satisfaction

Reading a verse will satisfy,
Again it will make you strong.
The verse in your forlorn state
The moment you feel triumph
The same will let you to the sky.
While the company when Earth,
The strength of the beloved
And the feeling of purity
Don't be in 6s and 7s
HASBUN AL LAHU WANEIMAL WAKEEL
All lies in the verse.
It will show you the truth.
Will take you to its purity
None else satisfy like in the sense.
It is the verse of satisfaction.

Belief of truth

Let's hold it tight with our teeth.

Even if 32 fell, don't lose.

You made it, a pure truth.

A call of triumph is calling.

The gate of success will open its mouth.

Even the stomach of undigested will keep.

The scene you see will be now.

So your belief of truth must be.

Then don't let it loose even.

You find yourself in the desert.

You will surround with vultures.

Your belief in truth must still.

Waiting

It's long since I am waiting for my beloved's call.

The call of remedy,

The call for peace,

Here in the hell of a crowd.

I lost the essence of remembrance of my beloved,

I am waiting for the light.

The light of soothing,

The light of cure,

Here in the bugs of dust.

I am still waiting for the beloved to soothe my soul.

A piece of happiness

I round and round,

    Can't get a piece of joy.

I cry and call

    Can't find a joyful moment.

I get tired and fried.

    But at last, I lose.

A voice of unheard,

A call of unseen.

    I feel rejuvenate

    I feel refreshed.

As I remember my beloved

    I got remedy

A piece of happiness.

It is called a piece of happiness.

Lost in heaven

Hundred times I wish to go to heaven.

Thousand times I have been stopped to enter.

Still, I fight for the same.

I got the opened gate.

I am curious, careful, and chromatic.

I found the way to the high heaven bay.

I enjoy it, I mixed it up and finally, I forget.

I wish to say, I was lost the heaven I became nay.

The madness makes me no fine still, I lost the way.

I cry, I cry but can't get a reply.

I ask you to let me go, now, else death, else die.

But I forget of my wish of heaven.

I lost my beloved in heaven.

I lost myself in heaven.

As I cry, I cry, I get a call.

> Oh! My lover,
>
> I missed you here,
>
> You proved care,
>
> Hold my hand to help me bear,
>
> Come to me for a cure.

Ah! My intuition finally

I am out of heaven.

Finally, I am with my beloved.

Finally i

Thousands of times I bowed
    I don't get healed.
Thousands of times I belled
    I don't get listened to.
Even thousands of times I pray
    I don't get love spray.
I travel again, to Gaya
    To have the game
I enter the Ganga
    To clean for the same
I travel, I travel a lot,
    But can't get the remedy.
But once suddenly, in the night
When I enter, in my spirit
It calls me, scented in hee
    I finally found it in me.
Innocence keeps the blee
    I let it for the flee
I get heel,
    I feel cared for,
I am cured,
    A spray of love.

And again asked to me
Where next do you dep-
I smile and smile,

      Fall in the sleep.
I bowed when again

      In Me with time
It heels my great gain.

      My love, my remedy.
I finally
"I am".

Forget

Look, the day has passed,
  I don't recall my name.
Till the whole night,
  I try, I try, I try.
I forget who I am.

I ask one, on the street
  When the sun was on fire.
Do you call, recall me
  I forget who was even he,
I try, I try, I try.
But I forget who I am.

The moon charm its light
  That night, I ask again.
If the stars, write my name.
  They do it the same but,
I try, I try, and I try.
But I forget who I am.
Red, white all colors I drink
  The Wine of Saint
I sin it gains, for rename.

I gabble my name,
I try, I try, and I try.
But I forget who I am.
        As all the doors of hope,
Are closed for me.
A ray of light,
Fall on me
I wake up, shrinking my knee,
A voice calls my name.
I try, I try, and I try.
Now I got off me.
I came, my name,
As I the beloved recall.
I entered the same.
Hey! My lover you are,
Still, forget the name.
Look, your hysteria makes me,
I call once your name.
Now you forget who I am.
Who I am.
The day, the night, you will,
Recall, the same,
And will never forget,
Who I am.
Who I am.

Tumult Tempestuousness

Hundreds and thousands of bodies,

But how a bird can express?

Sunrises slowly, slowly

It's a devout ballad of love as early.

The hot rays of maker piccalilli even,

But birds pierce into it for love.

How can it express its love?

Each word is a fane of a falcon.

Still, it looks ubiquity of beloved.

When asked about the colorful.

Flower and its honey juice.

How a bird can express.

That I belong to beloved.

My juice is sweet as nothing,

As I forth the ballad of.

I slake with prostrate when.

How can I express it?

I don't ask you to acquit me,

Let me burn inside till I,

As I do...Huuuuu The sun deceives.

It is in a nap, but I am in tempestuousness.

Still, I do. Huuuuu

How can I express... let me die?

Till I fly high...

Jogi

Oh! Mother,
Who is calling me there?
Is it a livener, or a commuter?
Ulterior I need to see.
If who is there, err.
Oh! Mother
Look who is sitting,
At the door,
It is my Jogi, Jogi.
Oh! Mother,
Let me go with him,
Don't alienate me else.
If more I am here will be then,
A shipwreck in me
My mother,
See soul's ecstasy,
In being the sage,
It is an old Jogi.
The same wings gown and hinges.
My mother,
Let me fly away,
My thoughts in effuse, sway.

Our last rhythm and blues.

Oh Mother, bless your accredit

My Jogi is, my Jogi still,

See who is left now,

Oh, mother.

They say about thousands,
    Idiots don't know about 'LA'.
They create, sink, and destroy,
    Still made and don't know 'LA'.
This, that, black red, and white,
    Ask them, which are omnipresent,
Idiots still don't know about omnipotent.
    Don't know about 'LA',
Your power, your strength if
    Those idiots don't know,
Again forgiveness, their allegations still,
    We know, 'LA' besides you here.
The difference is in the word that says
    As it enters in one Reginald
It made an easy judgment
    Still, these don't know 'LA'
Shouldn't it be chosen in masses?
    One's presence, speaks of its faith
These blind cops lost their sense
    One word, if say about 'LA'

Tonicity believers, loudly express

> *Besides you, there is 'LA' 'LA'*

Still, they say about thousands,

> *But can't accept the truth of 'LA'.*

One

You called in, single always,

    So no one is thee we mean it.

Oneness power lies else none,

    Power of done, being happened.

Does it mean you say and it happens?

    You! Neither begetting nor begotten.

The power of abundance,

    The rose when spread smells around.

The songs of nightingale surround,

    You say and it happens.

The sweet shouting of rivers,

    The laughing of leaves in the air.

You say and it happens.

    Dancing peacocks, feather and feather.

Tulips red, yellow, and violets,

    You say and it happens.

Drops of rain silent and snow,

    Opening mouth of little seed in.

You say and it happens

    Else you are only one

The power of abundance,

    If there is no comparison.

You say and it happens

    We say it, you are the one.

Drop by drop

You entered in me,
> Drop by drop.
You touched my soul,
> Drop by drop.
You kissed me feel,
> Drop by drop.
You licked my lips,
> Drop by drop.
You are in my body,
> Drop by drop.
You quenched my fire,
> Drop by drop.
You ignite me inland,
> Drop by drop.
You empowered me with yours,
> Drop by drop.
You toured tempestuously of me,
> Drop by drop.
You flow away me in you,
> Drop by drop.
You throw overboard me none,

Drop by drop.

You are in me now,

Drop by drop.

I am in you drop by drop.

Escort

I have been asked, who created me,
　　I looked around and answered Sun.
　　It shines on every object, its light,
　　Its rays, its warmth, and sun I say.
　　Alas! But it sets once and doesn't
　　Appear till next time.
　　I am sure there is another.
I have been asked, who creates,
　　Its moon is very shiny, and smooth.
　　Innocent and silent, I am
　　Sure about it, it has cool
　　Light, very beautiful, I believe.
　　It's the only, one who made me.
　　I looked at it, and suddenly it got.
　　Disappear, I searched madly.
　　I about it, but can't find till.
　　Next time, it appears another,
　　there is someone.
　　I have been asked, very bright.
　　I showed to stars, very bright,
　　Much light, I smiled at them.
　　They twilled to me, I am.

Sure about my creature.

Stars, stars, they have felt.

Attraction, then they disappeared.

I cried I called, I shouted.

They haven't heard my Ahh!

They lost their charm in,

Due to the visibility of suns rises.

I believe there is another.

I have been asked, again and then again.

I ask for air,

I say about water,

I hold the name of rain.

Here and there called every.

Heavy material, but none.

Replied, I believe there is another.

They finally laughed and went away.

No one asked who created me now.

I got a call,

I have a light,

I feel the touch.

Hey! I am your creator.

I am your lord.

I am omnipresent and merciful.

My patience got its result.

I am now blessed with thirst.

I got my indication.

 I bowed my head till finalization.

 I am blessed, my God creates me.

No one asked who created me. God Created.

Repent again

If it is a sin,

    Then why I am in?

If it is in written,

    Then why I am brittle?

If it is a way to do it,

    Then why do I always recall?

    Now I bow my head again.

    To the beloved of the same.

    I got to know it's a game

    I again recall it sin fame.

I repent for the same.

Thousands of drops came.

My Ahh! To the heaven land

Yet I repent again for the wand.

If it is true

    Then why I flew?

If it is the fate

    Then why I am late

If it is trust

    Then why do I detest

If it is repent again

    I will fall in the same gain.

Iqbal

You call me once,

> *I lost my balance.*

Your love reached me,

> *I blow away being free.*

When you appear in front,

> *A light of ray bent.*

You touched my feel,

> *I lost my zeal.*

You kissed with the warm breath,

> *I closed my eyes and it found in depth.*

You touched my soul enough,

> *I put it out for strength.*

Oh! Iqbal you leave me nothing.

Again I travel with the Love of soothing.

Say if it is your true love.

I am going to lose my bow.

> *You kissed my red lips,*

I fall into your hips.

> *Your escorted essence cried me always.*

I hold my soul and fooled it anyways.

> *As I leave you for a while,*

I couldn't think of any for a smile.

    Oh! Iqbal tell if it is our love.

Then why do I flow with its cry?

Oh! Iqbal.

Ignore if I say

Let my word be panic,

    Don't think of any gain.

    Thou I am simplicity of fire.

Ignore if I say, I desire.

"Well," of love comes up and down.

    It teaches me to have patience,

    Well if I do so, I lose my sustenance.

Then ignore if I say, love has an essence.

You may not know about the "parwana",

    The madness, to into fire of death,

    Even HU knows its fate of the same.

Sure ignore if I say, it's all a game.

Don't you see the butterfly colors?

    Change it, dots into shades of love,

    It may not say a word of Err.

Please ignore if I say, the soul has around Ferr,

You seemed to fall in the again.

    Devil has loosened your rope again,

    Last time you are in the purity.

Don't ignore if I say now you are in surety.

Dream of dark

If in thought

> He is in the air,
>
> With his ride
>
> White horse, glowing eyes,
>
> Burst from a big cloud
>
> Red lips and red turban
>
> He is a man of promise.

As in thought

> He is coming to me,
>
> Very near to my breath
>
> He looked at me as if,
>
> I know him from the last era,
>
> I keep silent, sense to feel,
>
> Or no good word comes into me.
>
> But hey! When he spoke,

Came in thoughts

> I know you like white ride
>
> And your palace in the heaven
>
> Don't want to be in, it's empty
>
> We have every fauna and fruits
>
> Fig and grapes, wine and honey
>
> It's freezing, I take you home

Quickly his words finished,
And finally disappeared,
Dark of dreams.
Even when I was asked to wake up
From sleep.

Call me again

It happened again,
I lost my way the same,
    I call for remedy,
    I call for a cure.
The day I tried to,
Now the time I cant
    I call for strength,
    I call for a call,
The change can't let you,
Until you be in with.
    I call for repentance,
    I call for hold,
One will get it again,
To pass the same gain.
    I call for power,
    I call for the test,
I am on the way.
It came into two again,
    I call for directions,
    I call for light,

I know it will happen again,
I will be lost my way same,
    But call me again,
      Otherwise, I'll call again.

Once beloved call

Finally, I am on the way,
This truth is reality,
The pain, sorrow I have,
The remedy is all Ave
       Still, I wish the call,
Beloved, once all
I have no gem, no jewel,
       No pearl of well.
What else I can give to
Empty all with so.
But my essence of love
       Always make me bow.
       I want only the call,
Beloved, once all.
After all these gains,
       The rope is for wins.
Yes, I have a soft tone,
       Answered and gone.
Finally beloved had a call,
Make me fine and went all.

Difference stands

Five, six among us start the tour,

Tour of intelligence,

Excitement, excitement, everything with us, is the gift.

There is hope, mission, and vision for this nothing.

Each step we passed is a sip of success.

How can we vie with the sunshine?

Finally, find a stream.

Each one quenches their thirst,

I was blessed with a gem.

Relaxed now I feel, as my first achievement is with me

Dried land, fed up with all stuff,

Two among us want to quit

I am still on the way, as something pinches into my foot.

Stone of gold, shine all over golden,

I stored it in me.

Relaxed and carry my trip,

Three companies have left till

Green, green all over is in, we all are,

An unseen threat among,

One among them left further hope,

But we carried on,

It's a silver shine rod in front of me,

I stored it with me.

Still, we go beyond the forest,

A universe big ocean is

We are ready to cross this cup

Of water

In the first part, he left me and let his trip

I carry on, I carry on, carry on

A boat

Full of jewelry pearls, gold, and gems.

Huh! I don't store it with me,

I don't let it go even

All my earlier objects, I let them all

In the boat of treasure.

Huh! Now I feel relaxed

And I let the treasure flow.

Don't accompany me, I still

Need to cross the cup.

Finally, I reached, and there is nothing beyond,

Only light, the light of hope, the light of mission, vision.

I am only with me, there is nothing added now.

A door opened,

A breeze came out and kissed me

There is a call. A call of invitation

Success call.

Flying angels hold my fingers and

I fly with them.
Just on the door inside I can't
See what is beyond.
I put my step in
I put my step in
The door of heaven.

I don't

What is it, I don't want to know.

Maybe...

> *It is the way.*

Hey!

> *It is the way.*

All the time, I am looking for you,

The rest of that, I am feeling inside you.

> *And then, I don't want to know, what that is.*

Maybe...

> *It is the ray.*

Hey!

> *It is the ray.*

Sometimes, if I feel I am breaking.

If it is so, I call you.

> *For healing, you sent the air, soothing, my cure.*

Feeling me again that I fall in you.

> *And there is a call, I don't want to know what that is.*

Maybe...

> *It is the joy.*

Hey!

> *It is the joy.*

Trust or not

I will take you to the sky,

Don't trust me.

I know the way up there,

It's a beautiful world,

Don't believe me.

I will take you there.

Even I will meet you there.

Trust me, if you hold the tightrope,

Otherwise, I will meet you there,

You have nonsense thinking all around.

Don't act upon me.

I will see you in the sky.

Even I will meet you there.

Come, come and see I am still waiting,

You have the materialistic view left,

See your heart still invite it.

How can i

The way I came to know,
I thought I fix with now,
If the soul regrets once again,
Then how can I die?

> The distance to you,
> The slow speed of thou,
> If on the way I turn,
> Then how can I be back?

The intense essence of my love,
The intuition of your shadow,
If I forget to recap again,
Then how can I capture it again?

> My Ahh to your palace,
> Once hold it for false,
> If I forget to breathe again,
> Then how can I call again?

The depths sleep of all,
I count my nights for,
If I forget to dream,
Then how can I recall?

Your scent in me still,

The fragrance surrounds vital,

If I found by thee,

Then how can I be he?

The chance to meet you,

Your rope is held with the blow,

If I lose it anyway,

Then how can I stay?

Your shine to me again,

Your blessing to the way,

If I can die once,

How can I come again?

Dua

Ab Agar khamosh hai, mere yeh lab

Phir bhi alfaaz ban rahe hai ander hi ander,

Tera tasawwar ek lamha bhi nahi theharta yahaan,

Ki tu ne poora ghar bana liya hai zehan mein,

Ab is gunaah ki kaise mein pardah karoon,

Yeh har baar, baar baar hone ko hai shuroo.

Kaise tere sheher ko mein phir lout aawoon,

Jahaan jism nahi rooh hi basi howi ab.

Mein bas ek jaadu ki taak mein raha hoon

Ki jisse yeh rishta phir se ajnabi ho jaaye.

Mein 100 saal ka safar tai karke aaya hoon

Meri rooh tum se milke har baar jawaan hoti hai.

Ab agar is gunaah ko phir se duhrawoon toh mein.

Jannat aur jahannum ke beech ka raasta le ke bhi wapas na aawoon.

Kare gar koi agar cheez kaam, toh bas ek teri dua

Toh haath utha, maang, bas mera naam na lena.

Itni bechani, ab mushkil mein hoon, mera jism meri rooh,

Agar mumkin teri aur ho sakhe to ab aaja, tu aaja.

Kya milega

Jaane kab woh khamoshi hogi

Na jaane kab yeh uljhane kam hogi

Kis kaam keliye aaye the roi-e-zameen pe hum

Behosh se chalte gaye na maqsad mila na manzil sirf gham

Aakhir humein bhi jaana hoga kabhi

Waqt dekhte rehte hai aajaye abhi

Kya sirf kuch lamha sa tha jo bas mila

Mere saath aakhir yeh kya raha sirf shikwa aur gila

Agar mujhse poocha jayega dobaraa

Kya roi-e-zameen pe qadam rakhna ka irada

Toubah karke inkaar toh lazmi hoga

Kon kambakht is sarhad pe phir hoga

Tha jo sunne ka matlab mera

Insaan waqt laga kar magar aakhir haara

Na jaane itni mehnat ke baad yahaan se

Kya milega ki Jannat ya jahannum ka sila.

Fikr main teri main

Ki yadoon mein tera zikr ho

Fikr mein teri mein

Tere lafzoon ki barish ho

Aur tere lafzoon mein mein

Teri soch se jagg roshan ho

Bas khayaloon mein, 'mein'

Teri aadat hamesha ishq ho

Aur teri ashiqui mein

Ki har saan mein maalik ki zikr ho

Ahh mein teri mein

Tere rukh pe roshan Jamaal ho

Aur iska raaz mein

Teri aadat dard ko chupana ho

Iska marham mein

Teri bechani ki halat ho

Aur rahat mein

Ki yadoon mein hamesha zikr ho

Teri fikr- fikr mein teri mei

Awargi

Jo awargi karli

    Mujhe kya pata ki yeh bandagi karli

Mein nadaan is safar ka

    Mein ne be khabri mein hadd kar di

Mein udaa door tak

    Tinka banke hawa ne asmaan kar diya

Sab kuch chu ke aaya

    Insaan se hoke farishta bana diya

Ab is lafz mein rehna

    Yeh iraada jo meine ab haan kardi

Aisa giraa mein

    Asmaan se zameen tak mitti kardi

Nadaan is safar ka

    Haath kisi ne na ab akela kar diya

Jism ki halat ka

    Baqi kuch na ab bas dhadkan kar diya

Meine jo woh awargi

Mujhe kya pata ki kaisa gunaah kar diya

Boldo ki azaad hai

Khatir in lafzoon ke liye
    Lab tere azaad hai
Tu bol tere shabd
    Ki har alfaaz azaad hai
Tere jazbaat aur inki qadr
    Bahut arse se yeh azaad hai
Nahi manega dil tera ab
    Yeh har dard aur marham se azaad hai
Ki teri rooh ki tadap kaisi
    Be-haal aur har haal mein yeh azaad hai
Boldo jo tere asar alfaaz
    Tere hoontoon aur inki nami azaad hai
Teri muskaan bhi teri
    Inka chupa howa dard bhi isse azaad hai
Tu jo bol tere alfaz phir se
    Tere lab inki hassi-wohi nammi azaad hai
Tere jazbaat, tere wohi shabd
    Bahut arse se, har lafz se ab azaad hai
Tere lab ab azaad hai

Yeh tanhayi hai

Kabhi kabhi yeh tanhayi apni si lagti hai

Jism ke saath-rooh ke pass lagti hai

    Iska ehsaas bhi bahut qareeb sa lagta hai

    Apna bahut apna-yeh fasla lagta hai

Yeh chouti jab bhi rooh ko hai

Jhatka aur pyaas mohabbat ki lagti hai

    Yeh tanhai apni-kisi ka hissa nahi

    Saath tab bhi deti-jo koi apna nahi lagta hai

Har waqt-har lamha chali aati hai

Itne wafadaar toh apne ansu bhi nahi lagte hai

    Isiliye yeh tanhai kabhi kabhi apni si lagti hai

    Haan yeh jism ke saath pyaari lagti hai

Bulalo toh jaati nahi-aisi aadat lagti hai

Saathi se bhi pyaara iska saath lagta hai

    Yeh tanhai apni jaisi akele lagti hai

Yeh mera aur mein iska saath-ab pyaari lagti hai

Kabhi kabhi yeh tanhai

Rooh ke pass lagti hai.

Musafir

Mein mehfiloon ka musafir,
　　Mujhe roke na koi.
Is safar ka mein musafir,
　　Koi toke na mujhe.
 Mera karvaan toh tumhi ho,
　　Tujhe leke mein chalonga.
Is jahaan se asmaan tak,
Sari duniyaan se chupawonga.
　　Mein chalta hi chaloon jo,
　　Nadaan is safar mein,
　　Mujhe jaana par kahaan ho,
　　Is safar mein- mein kahaan hoon.
Bas tera jo ek saath ho,
Haathoon mein tera haath ho,
Rahi ka bas naam ho,
Yeh safar badnaam ho.
　　Phir mehfiloon ka musafir,
　　 Is safar mein kahin ghum ya,
　　Raasta toh tumhi hoo,
　　Bas safar mein musafir.

Chand mila

Woh tera aise sharmake dekhna-
Kuch na kehna bas aah bare rehna
Mein jab bhi ghar se chala-
Tu aise dekha ki mein sharmaya-
Phir kyun meri nazar jab padi-
Tune nigaahein jhuka di aise-
Aisa kyun ki mein ne jo kaha-
To tune khamosh lafz bhi nahi kaha-
Mere mehboob aisi naadani is mohabbat mein
Pehle hi se hum haar Gaye-
Ae roshan chaand tum jaisa koi kahaan
Mein qismat se mila jo tum rahe yahaan-
Ab kisi ki zaroorat nahi mah*
Tu jo mila toh sab hasil hai-

*Mah= Moon

Aao sunata hoon

Tumhein woh dastaan sunata hoon,

Tum aao mere pass, batata hoon.

Wada haan karna mujhse tum yahaan,

Ki tere ansu juda na ho tumse wahaan.

Woh dastaan ka falsafa, yaad hai.

Ek raja bahut siyaana yaad hai,

Tha jo malang zindagi ki agaaz mein.

Jhoom ta gaya sahil ki be-parwaah mein.

Dekha jo usne ek chehra achanak,

Woh yaad raha zindagi ki howi bhagawat.

Woh noor, rang, adaa aur hayaa.

Jaise jannat se aayi abhi hawa.

Raja ki howi bahaar jaisi zindagi.

Par yeh bas ek tarfa haan ek tarfa.

Joon lamha guzarta gaya woh isse ishq.

Zindagi mein ishq samajta gaya,

Phir woh chehra jab waqt se haan,

Chala gaya toh faqeer awara ban gaya.

Woh doondhta raha par fikr thi,

Ki kahin uski izzat gair na ho.

Yun raja sab se alag batta gaya,

Jaise jaise saal dar saal guzarta gaya.

Yeh nadaan agar chahta toh paa leta usse,

Par bahut soch se raja samajh se,

Woh waqt ko mohabbat ko azmata gaya,

Ki sabr ka daman usse na nikalta gaya.

Woh chehra bhi kamal tha na jane kaise,

Ki uske samne kisi ka na Jamaal tha-

Toota raja bahut dilasa deke dil ko,

Zindagi guzarta gaya, haan badhta gaya,

Bahut ek tamanna rahi ki bas ek baar,

Kahin phir se woh chehra dobara dekhta.

Par ab itna toota ki har jagah wohi nazar aaya.

Faqeer toh haan-ab banda bhi ban gaya.

Kya pata aage ka kya hoga.

Thoda ruk kar kuch waqt ke baad.

Mein dastaan yeh phir se

Tumko sunata rahoon.

Safar

Yeh safar, mera safar

Guzar gaya hai safar

    Mere murshida tu thehar

    Mere dilbara tu thehar

Yeh baki jo raha-raha jo safar

Is pe ab tera asar

    Chalein hum mile aur ab saath chalein

    Raah mein bhi hai khade ab tere liye

Jo safar, mera safar

Raha baqi hai safar

    Woh tera, mere murshida

    Saath mera, aa dilbara

Yeh safar, jo safar

Mera safar, tera safar

Guzar gaya ab hai safar.

Kahaan ho bata do

Kya howa itni tadap kyun,
Abhi toh bas chand lamhe howe.

   Aap aise kyun fikr mand ho.
   Humein mile howe toh arsa nahi howa.

Mein kya batawoon bas khair hai.
Tum murshid ho toh sabr rakho.

   Mein kuch bhi kya kahaan
   Hain hi nahi alfaaz aise

Bas itna batadoo tum
Kahaan ho yeh duhrawoo tum

   Kahaan ho yeh batado tum
   Yeh batado tum

Wajood

Kitna asaan hai, mein agar gumaan se bhi sochoon ishq ka-

Toh lagta hai darr jism se, kitna hi pak hoon mein rooh ka-

Phir yaad aata hai un aashiq zadoon ka-

Jala ke raakh kar diya jinhoon ne wajood insaan hone ka

Himmat tab aayi jo dekh kar-

Insaanoon ne lutayi jo tum pe ishq ban kar-

Woh jo bhi the, kis ko pata ki kya-

Bas naam kar diya jinhoon ne yeh kaam karke-

Kya aaj bhi woh hawa aati hai-

Kya ab bhi waise chahat hoti hai-

Toh agar,thoda sa mein irada karoon-

Kya mein is jism ke darr ko rooh se hara sakhta hoon-

Kya mein ishq ka wohi kalma dohra sakhta hoon-

Kya mein tum se haan tum se thoda sa ishq karoon-

Jo asmaan hai, mein ab tayaar hoke bhi-

Na darr hai jism se, hoon mein pak rooh se-

Ab bata ki ishq ka ishq hona hai-

Ab bata lazmi se jaan dena hai-

Asaan hai, asaan hai.

Agar ishq hota

Pak daman ho toh kya

    Yeh reet ishq mein kahaan

Aksar jab hoti hai is mein

    Pata kahaan, khabar kaisi aur phir zindagi kahaan

Samajhne waloon ne isse apnaliya

    Jo na samjh rahe woh yahaan bhi aur wahaan bhi darr gaye

Aakhir wohi darre howe is mein

    Such much ki jung ishq se haar gaye

Yeh ishq ussi se tha

    Na pather kiya, na sar jhukhaya kiya toh bas sajda kiya

Mili jo ashiq ko rahat mohabbat ki

    Inkaar kiya, jannat tak na sar sajde se alag kiya

Kaash ishq ka asar humein thoda sa

    Woh chahta toh jannat ka hissa humein bhi bana leta

Phir baat wohi aayi

    Pak daman ho toh kya hota

Par yeh reet ishq mein kahaan

Ishq hota toh kya hota

Ho bas tumse ho

Zikr karein tera har fikr se ho

    Ishq bas tumse ho dil ko yehi chahat ho

Aur is mein rahat

    Bandagi ho jo awaaz rooh se ho

Zubaan pe naam tera ho

    Aur har kalaam niyyat se ho

Jism aag se ho

    Ki iski rahat tumhari yaad se ho

Bhool jayein jo duniya ho

    Jab jab tera aks

    Noor ho aur jamal ho

Aisi aadat ki khawahish ho

    Jo badal jayein woh kambakht dil ho

Mein koshish jitni bhi karoon

Bas tadap ho

    Palat jo jayein meri qismat

    Tumhari nazar ho

Ek akhri ibaadat aisi ho

Ishq ho

    Kalaam ho aur bas tum se aur tum ho

Zikr ho fikr ho

Jurm

Gunaah karne ki aadat kon-e-dil mein nahi
Jab se mohabbat hogayi hai, ab aieza koi neik nahi

Kasoor tera nahi waqi mein, jo bhi horaha hai yeh
Yeh Mohabbat gosh ki ada hai ya phir tera koi haath nahi

Karoon toh kya karoon is zindagi ke dasht mein
Gar tu agar saath hai toh koi jurm aur nahi

Rakhta hoon har baar yeh wadaa khud se kar ke
Is lamhe mein tum bas kal koi aur nahi

Veerane dil ke haal kya poochte hoo banake
Jurm kisi aur ka nahi par haath tera bhi nahi

Haan yaqeen hai ki moqe bahut mile door jaane ke
Koshish toh bahut ki par dono ke pass koi aisi cheez mili hi nahi

Yeh shiddat mohabbat ka jadu tha jo tadpake humein
Saath toh rakha hai ek dosre ke par saath nahi

Kya karoon un gunahoon ka mein jo hogaye hai tumhein soch soch ke

Ab jurm kiske naam aayega yeh meine socha nahi

Ab toh ilzaam nahi lagana mujh par mere yaar

Meri mohabbat ke siwa mujhe dene keliye kuch nahi

Haan jurm hone ko toh hogaya, ab wohi sahi

Ki ishq hone ko toh hogaya aur jurm nahi

Qissa reh gaya

jo qissa tha afsana ban ke reh gaya
Haan jo qissa tha, ek fasana sa reh gaya

Is safar mein, rahi koi saath na tha
Parchayi, saansein aur rooh, bas, akela reh gaya

Phir bhi is andhere raaste mein qadam badhata gaya
Saath gar kuch tha toh yaqeen baki khali reh gaya

Meine maangi jo, woh mukhtasar si dua hai
Yeh raasta khatam ho bas baat reh jaye

Yeh baat is kainaat mein failein aise
Ki shajar, basher, fard ke diloon mein reh jayein

Mukammal si tasveer is qisse ki reh jayein
Koi aisa mile ki, qalam se yeh afsana beh jayein

Rahi wapas agar aaye, zid bhi hai
Yahaan jayein toh jayein kahaan, bik jayein

Safar adhura hi sahi janaa
Yeh zindagi kis ke naam, na jani jaayein

Sochoon ki har qisse ka khatima hoo
Qayamat ke din jab har fard ko sunayi jayein

Ki afsana ya fasana
Har haal qissa reh jayein

Woh jo qissa tha
Afsana sa reh gaya

Habibi habibi

Ae naraaz dil, tu kyun qaid hai
Har waqt saath toh hai habibi

Jaane kya tu doondhta hai dar-b-dar
Mil gaya hai jo, samajh isse sab se behtar habibi

Paagal na bann, mann chala na ho
Milta nahi koi jaisa, mila tumhein habibi

Ki kya pata mila howa tumhein, qismat se mila
Jo jaisa mila waisa nahi koi aur habibi

Ab kya doondhta hai tu is mein
Tere saaye jaise hai yeh tera habibi

Ab lagta hai tujh pe karam howa hai uska
Ki tere dukh dard, khushi masti, mein saath hai habibi

Tu bhi ab ek arzoo kar, ki ek dua kar
Maang sada saath, haath mein haath ae habibi

Na kar ab zid ae naraaz dil ruk ja

Apne asool bana aur isi pe thehar ja, hai jo habibi

Ki har jo milta hai, habibi, jaane ke baad nahi milta habibi

Insaan se mohabbat aur insaan insaan ka hai habibi

Ruk aur azaad kar isi habibi

Saath aur pak mohabbat kar isse habibi

Aqal ka hissa

koi aqal ka kissa hai yeh

Pehchane agar toh ussi ka hissa hai yeh

    Har ek shai mein milega uska zahoor

    Yeh aankh agar khule toh batin ka wajood

Kayi raaz hai dafan, bani insaan mein

Kon hai ki khoj mein lagaye nafs yaar mein

    Shayed yeh ilam sab ke bas ka kahaan

    Kuch hissa hota hai sirf bandoon mein hi haan

Nikle the Rumi kuch aur raaste tak

Shams ki adaa ne kahi aur milayaa

    Ki kya koi asmaan hota hai aisa

    Jo badle haalat-e-dil ki badliyaan

Yeh kaisi howi bechani aakhir

Rumi ne Tabreez se jo kiya tha sawaal

    Aisa kon sa muqaam tha jab se

    Yeh khayaal aqal aur qaraar, badla tabse

Yeh aqal ka hissa kis ko mila

Qaraar mein beqaraari, kis ko hai gila

    Bas hai shai mein har shai mein

    Zikr mein hi hai ab ALLAH HOO

Khamoshi

Aise aana bhi duniya mein khamoshi thi
Kya pata ki har koona is jahaan ka, khamoshi thi

Na jaane kyun ek sawaal reh jaata hai
Ki humse agar ho kuch, par akhir khamoshi thi

Jaan paata mein is duniya ka raaz agar
Such batata toh mana karta aur khamosh rehta

Kyun sab kuch hoke bhi yahaan kuch nahi
Saath agar jaayein, toh sab saath khamoshi thi

Jaake aane waloon se kehdo yaaro
Aane wale toh aana hai, magar khamosh raho

Yahaan kisi ka kuch nahi milta par haan
Yahaan rishta khoon ka agar toh baqi khamoshi thi

Jaan lo tum us asar ki adaa ko
Mil jayein yahaan agar koi saathi
Toh dua karoo ki zayadah hai
Agar nahi koi apne jaisa toh, khamoshi thi

Kuch ulta pulta

Yeh mamooli khel nahi hai Iqbal

Zara galib ki halat toh dekh

Kitne fanaa howe is aag mein

Dhoob ke mohabbat mein phir aake dekh

    Kitne armaan se "meer" ne mohabbat ki

    Rumi ki jaan bhi to ussi ne li

    Hum darr ke maare thode door khade kya howe

    Kitne hi aahiqoon ne is aag mein dhoobne ki thaan li

De diya dhoka Hakim ne tumko

 Hum ko taaqat aur tum khali

Chahiye kitna laga lo jee jaan

Ek din chodh deni pade gi yeh awargi

    Yeh galti phir na duhranaa

    Hamare diloon mein phir na utarna

    Jal ke khaak hojawo gey

    Wadi dekhe gi tumhara veerana

Lutawo chahein armaan tum jee jaan

Kaise banein gey hum tumhare mehmaan

Wadi ke ander khooni gerehbaan

Chodna padega tumhein akhir pe hamara jahaan

    Alfazoon ki grehmaagarmi- hai tumhare mulk mein

    Kaam ka ek bhi nahi hai is khokle wan mein

Kya insaaf dedoge khud ki jald baazi mein

Hum khoon ke ansu royenge tumhari barbaadi ki halat mein

Na jaane kitne maqbool-ab bhi hai gulistaan mein

Guru ke saaye mein- nishaan chodenge waadi mein

Ek ek karke hum chadhenge phansi ke fande par

Na jaane itni zameen kahaan se lawoge jannat mein

Rahega na nishaan baki tumhara is saaye mein

Kya kaho gey tum ab- hamari azadi ki halat mein

Tumhara irada aur bhi hoga-wadi ke masoom pan mein

Dekh khuda bhi dekh raha hai tumhara tamasha jahannum mein

Allah

Koi toh hoga jo aapse pyar karta hai ALLAH

Ushi ke liye hi sahi, koi pukaar sunle ALLAH

    Itni narazgi pehli kisi quam se nahi howi

    Aaj toh aapne apna ghar tak band kiya ALLAH

Hum jumma hi sahi, Masjid toh jaate the

Ab toh humse aapne taraweh bhi leli ALLAH

    Ramzan ka intizaar GAYARAH mahino se hota hai

    Ab toh uski rehmatein bhi chein li ALLAH

Mana ki hum bahut gunaah gaar hai

Hai toh aap ke mahboob ki ummat ALLAH

    Ab is wabah aur azaab ko rukhsat kardo

    Apni ek nigaah hum sab pe daal dein ALLAH

Aur kon hai jisse hum Umeed karein

Rabul al alameen naam hai aap ka ALLAH

    Yeh "Aah" sab ki sunle maula

    Maaf karde aur rihayi dede ALLAH

Khali pan

Mehboob ko bina dekhein mohabbat karte hai hum

Unse ijazat bhi nahi lete bula lete hai hum

Unka intizaar rula deta hai kyun humein

Kya itni shiddat se woh pyar karte hai humein

> Lete hai naam jab bhi marne ka dukh zara sa hota hai

> Unka naam sunte hi marham sa milta hai

Kyun na us paar jaane ki zid hum karein ab

Woh wohi mojood hai zara dekh ke aaye hum

> Tumse milne ki koshish jaari hai

> Kitna irada hum karein tumahara bulawa toh aaraha hai

> Kya is asmaan mein ab bhi

> Koi jagah khali hai

Kabhi yun bhi toh ho

Kabhi kahi mujhe mile
   Woh aab e hayaat ka qatra
Woh ek boond zindagi
   Bakashne wala fitna
Woh jo khauff marne ka
   Tal jaata
Bahut lamhe milte kuch karne ke
In rishtoon ko dekh dekh ke jeeta
Bahut khushiyaan aur kuch gham sehta
   Kuch aisa hota
Mujhe aab e haayat milta

Paigambar

Woh kalaam tha- asar tha ya zehniyat

Jo sab ko kar gaya mayil woh aadat

Bani jo yeh sari kainaat tumhi keliye

Ki mohabbat ka sara hissa pa liya tumhi ne

  Yeh koi aam khel toh nahi

  Itna dard saha woh bhi hamare liye

Kya woh aks hota- kaisa woh jism hota

Jis mein soch pak thi aur dil aab e zam zam tha

  Nikalte teer jo lafz hote, woh such aur such hote

  Jo lafz keh dete, woh amanat aur amanat hote

Zindagi ka raasta dikha diya

Aur zindagi se aakhir mila hi diya

Nishaan-e-qalab

Noor tak ka raasta mangta hoon mein
Na jaane yeh arzoo kab puri hogi
    Arzoo neik mangta hoon mein har dum
    Na jaane mangi howi cheez kab qabool hogi
Qabool toh aapke darr pe har dua hoti hai
Is aah ko kitna waqt lagega yeh dua hoti hai
    Waqt na jaane kyun bechain kar deta hai
    Sabr bahut hai par aaram nahi deta hai
Aaram mein sukoon ho tab ataa karna
Warna be-sukoon ka mazaa bahut acha lagta hai
    Mazaa acha lagta hai har sazaa se
    Na jaane hamare haq kya hoga pata nahi
Haq hamara nishaan-e-qalab hai
Na jaane us tak raasta kahaan hoga
    Raasta tum tak jane ka
    Koi raasta aisa ho bata dena

Kya talaash hai

Kitni khus-qismat hai zindagi
Sab diya, bahut diya, lekin phir bhi koi talaash hai

Na jaane kya maang raha hoon
Kuch pata nahi- na kuch khabar rakhta hoon

Sab ajeeb si uljhan hai
Na jaane kya talaash hai

Zindagi ka Safar bahut umdaah raha
Bas manzil ka kuch khayaal na raha
Be wakoof sa chalta gaya
Ab bhi isse kuch aur taaash hai

Wafa toh karti hai zindagi
Par mein hi nahi samjha hoon
Ishaare taare jaise mile humein
Par kuch aur talaash th,i na jaane kya

kya dhoond raha hoon kya kya mila
Bahut kuch-bahut kuch diya

Samajh mein hi nahi aaya ki mein ab

Na jaane mein kya doond raha hoon

Na jaane mujhe kis ki talaash hai

Kya talaash hai-

Wohi Khuda hai

Be chainiyaan- be aarami si lagti hai
Mujhe yeh zindagi be-maane si lagti hai

Yahaan jo hukumraan hai ab
Woh be fikr hoke elaan karte hai sab

Kya pata kis ko kya hoga kab
Yaqeen khuda pe hai jab se tab

Woh karte hai faisile yaqeenan unka
Khud ka mafaad hota hai is mein kinka

Magar is badshah ka jab aata hai
Hokum isse behtar koi nahi hota jinka

Bas wohi khuda hai
Bas wohi khuda hai

Jashn e alfaaz

Khel khelte hai lafz der lafz
Hai yeh ajeeb sa khel ka farz
Kisi ke alfaaz aur kisi ki zubaan
Dono hi jashn e ishq mein marte hai
  Kya pata chalta hai ek rahi ko
  Woh kaise phass jaata hai is mein
  Ho na ho jaadu iska hai kamaal
  Jo jashn e alfaaz se hojata hai pyaar
Kon hota hai saath jab tanhayi ke aalam mein
Koi bina chedi howi saaz ya koi sargam
Jo mazaa aata hai jhoom ke pyar mein
Aur jashn-e-nasha ke behoshi ke aalam mein
  Such yehi hai kisi ke alfaaz
  Aur suroor bhare lafz ba lafz
  Har koi ishaara karte hai
Jashn e ishq ke uss duniya ke aalam mein

Conversation

Me: Whoa! I can't believe you're in front of me

Rumi: Does that mean you're too excited?

Me: No, not really; It's your beauty, your Noor.

Rumi: Don't you see the moon's light 'reflected", perhaps

Me: Who is the moon? To give light? This time too you so it shines

Rumi: So, what if you call it?

Me: Id fix it with my calling words, but I admire it with purity.

Rumi: Hmmm.

Rumi: But! Why have you called me a hundred times, you don't know me, right?

Me: will call you thousand times, even if I know you.

RUMI: who are you?

ME: (smiles) I am the fifth letter of your name.

Rumi: Mad

Me: That you were once for your sweetheart

Rumi: I still am and why don't you?

Me: Oh! Unless I betray you.

Rumi: Why not Ghalib, Iqbal and others.

Me: They have more than five letters in their name.

Rumi: You need to call your shams.

Me: Look at my eyes and Find

Rumi: Not possible

Me: *If you are afraid of my victory.*

Rumi: *I am afraid of any mistake*

Me: *Then take me with you.*

Rumi: --------------------------

I: ----------------------------

(silent) It Fajr Azan: was just a dream. No.

Jashn e shor

Book of Love

∞

Winter is coming

Look how beautiful that journey was,

Finally reached its fate.

A life traveled from soft stones to hard paths.

From the rains to the wind storm,

Under the naked sky, on the dry fields.

Crunched those hard rays, relieved with the shade of trees.

And traveled billions of billions of miles and at last.

Meet at the final destination, where life is so soft and beautiful.

Perhaps it is the last season of this journey and finally, winter has arrived.

One can see the snow in life,

Nights, terrible reeds, and wolves cry.

Life's winter has finally arrived.

Towards your town

My steps towards your town,
Is like filling the gap,
The hollow of history.
Each person is like you,
I am in doubt,
Who are you among them?
But shouldn't I call you,
You know me very well,
Do shake your hand.
Look at your turn it is,
Like the one I am,
Moving towards you.

An idiot watermelon

I don't care about your chubby body,

You are a fantastic fit, a darling to my basket.

Do you know you have designed cotton?

Green and green fur on,

You are beloved by someone.

I have a complaint,

You come seldom to me,

My wait for your flesh,

Is indefinite.

You are king to my mouth, and the so-called seeds,

Dear to my conscious.

You come to a long distance,

Just to meet me,

We are kind,

Me to you,

You to me.

Hidden

Look at the sky,

Do you guess it is empty?

There are treasures hidden,

Mercury, Venus, and the angry sun,

Gold holding Saturn and nurtures Mars.

Do you see these diamond stars?

They are not alone at all,

They share happiness.

Still, you guess the blue is empty,

You are in daylight,

Come to silence,

Come tonight.

Ask the poet to guess,

There is hidden, hidden treasure in the empty sky.

You're town

My entry towards your town,
Very happy; happy—
>I do have to say; I am-
>Going to meet you every day.

Every day I feel that way,
I meet; I do, very happy; happy.
>I do have to say, I am-
>Going to leave you very soon.

Very sadly; sadly,
>My exit, from your town.

My entry, towards your town.
My exit leaves your town.
>Missing those moments,
>Gone, misses you,
>You are here always,

Always I am in you.
You can call me anytime.
Anytime I will fly through the air,
Every day, every time.

Counting 21 years

Each passing year I count those spent years.

With each breath, I do, deep gulp your name.

Every following year shits I count its blow of hits.

I came now 21 years years of deep shock.

I call it the blessed counting of 21 years.

What I added

As they introduced me in masses,
They clap, they boost, and
I ask my soul, what I just added.
Replied with "SANTHIL",
They printed in colors, banners, and books.
I again asked, what I added...
Worded with "SANTHIL".
They captured on the big screen,
Papers and photos
I was shocked and again...
Answered me "SANTHIL"
I tried to solve the puzzle but failed...
But spirit didn't reply with any clue...
Just worded with...
Patience and "SANTHIL",
I stopped for the same.

Again being truth

It starts with the year,
      Sunday; as I decided.
It feels very nice,
      And I store in deep.
Do I take it long?
      If anyhow I slip then.
Do I go very strong?
      Suppose I do it when.
Again I oath for truth,
      Will go with it.
Again I hold for true,
      Will flow with thee.
Hold and Bold with truth
Again, again.

Tout idiocy

Errant beauty,
Being infallible, I am godly.
This incensed,
Say, scoundrel, I am devout.
But my adores,
Scour me, scourge me, me.
Look being pier rot,
I do raving-mad, I am glory.
Certainly it shirty,
My myriad mystic, I am maladroit.
See overweening,
My modest odium, I am pedantic.
Shipwreck being heedless,
I see my beloved, eon I am detached.
Soporific balk me,
I die, I die, death, I am sleazy.
Tout, I never.
My idiocy, I absorb, I do, I am.

Flower

I found a flower, I know.
I wish to touch for, I do.
  I lose my control, of course.
  The beautiful, I know my flower.
Do I smile, I do after a long.
It's ecstasy, I enjoy, and I feel I am.
  My whole day I think of it.
  I even spend nights for.
Pink, red color I guess.
No thorns, no pain I bless.
  My state of happiness is at its peak.
  As sudden when it speaks.
Its time is done to depart in.
As never it will again bloom.
  Hah! A drop of water fall.
  From my eyes to my soft cheek.
I want to cry again.
Will never meet for the same.

Rewind me and if I smile

For a moment, I smile.
As I rewind the past time,
      That I spent wholly with,
      Even though I found that crazy.
All the moment, all that time,
When I recall, as I rewind.
      I have a smile, as I cry.
      A drop falls from that eye.
Let me rewind, let me recall,
That time, all that time.
      If you fit, that is now,
      All that was just fun.
That was just two years,
When I get a salute near.
      That was a strength that I get,
      And I found it when I met.
So let me recall, and rewind.
Those years all are fine.
      If I smile, even I cry.
      A drop of ahh fell from my eye.

Then be again stranger fame.

If I met those with a game.

    Again I smile, even if I cry.

    Let me recall, as I rewind.

Life in art

An illusion of Art,
Crafted with eyes,
Framed in heart,
Else it matters,
On this path,
With the truth and,
Silence of war.

War

Each arrow flies high,

    I looked at it but can't be back.

I sound the hurry!

    Afraid, afraid that innocence war.

I moved around for hidden.

    And it is bloody war blood.

I pray for peace,

    And the arrow crossed my chest.

Hah! I looked at the stick,

    Closed my eyes found in war.

Error

Earlier I praise none,
My beauty becomes cun*.
I loved him for fun,
And found me in wan*.

> *Again I see in the mirror.*
> *The beauty of error-*
> *I thank him for the whole.*
> *He is the one, now in my soul.*

Best of my country

In the morning, having a high zeal,

Will reach destiny and I feel,

I flow with the thing I enjoy,

Distances are going to diminish boy.

Hah! What I found is an entry,

I mean it as a sentry.

I do, I do but they don't let me.

It passed time, it leveled down patience,

I have liquid, it either set calm,

I do try, but can't succeed.

What do I think best of my country?

I think best in my country.

I lit another idea and it is final.

Either I will in or go back then.

I remember how the hospitality of my country.

You will be done if any against.

I nodded and finally relief.

I am in, but still, I remember.

Best of my country, the feel,

The zeal, like none other, has.

As I left home

Once I left my loving home,
I felt triumph and joy as I,
I got to get many ideas,
Each idea of joy and courage,
To do something great.
I started with a sense of hope,
I tried to go on and on,
As I left home.

If I wish to be born again

If I had been asked to wish for once,
        I would wish I didn't think for a while,
Else, I would wish to be born again,
        I won't repeat the change.

If I have been asked to have a reason for
        Not thinking for an hour,
Else, I say to have love with beloved,
        I won't describe the time for.

If I have been asked to have conditions for
        I think for a minute,
Else, I say to sip a vital glass,
        I don't say the reason for it.

If I have been asked not to live for
        I think for a second,
Else, I say, I am remedy for the death,
        I won't say whom to meet for
If I have been asked for
        What I said to my loved beloved,
I would say to feel the pain
        To have the death of gain.

Curfewed time

Alarmed before the dawn born,
A voice of throat.
It makes the change in the mind,
The presence of forlorn.
The day is my own today,
How to enjoy it in the way,
Every spot of joy is closed,
Together be in the home.
As the sun came across its shadow,
The curfew time pains in meadows,
No cry, no call, no air, no way,
Silence of around make it and say.
No teen food, no adult joy, no old med,
One has faith and a sympathetic way.
To conquer the pain, let us gain,
The curfew time changed the game.
At last, death came as usual,
Once after the dust, they cry hell.
It counts on and on, can't remember still,
Curfew time ate how much till.

Home

I lost my way,

Again once if you say,

I found the door closed,

Lost the key, if you suggested.

The earlier connection was superb,

Again spirit is looking for a woofer,

Let me take my home,

Lost the way of blossom.

How can I find the same?

Even in the crowded fame,

If it gives me a hundred pain,

Should I follow your gain?

My beloved, let me,

Take me home, I lost that.

Once recall the matter

Will you again take me home?

Either I would take a hemlock cup,

If no choice is what,

Ergo take me home,

I will blossom again in bloom.

Funny so

If I think so funny,
>
> I work so hard to marry,

To you, only with you.
>
> We live in the countryside,

I will buy a wooden,
>
> Beautiful home.
>
> Beautiful home.

If it is in mind, so funny.
>
> I make beautiful,

Canvases, for living enormously.
>
> Each day, I sold one by one,

To give you all the fun.
>
> If it is so funny,

For suppose, we had babies,
>
> I will look at all times you are in them.

They had your eyes,
>
> They smile your way.

I will work so hard,
>
> I will write all, I will

Sell the book and art,
>
> I will work so hard.

To give you all,

     If it is so funny... look,

     How I call.

When you will reach seventy,

     My love will never go empty.

Even, all day,

     I will see you like a nay.

If it is so funny, I ....

     Then you promise me,

Never set me free.

     When the angel comes,

We will hand in hand.

     You say no, no... we together go.

You promise me,

     to never set me free.

So how can I live here,

     I want to go there,

Come hand in hand,

     We will leave this land.

     If it is so funny....

Then living there,

It is forever,

Together we will create a new,

     Look how I think so funny,

For you... for you...

This entire bunny,

A letter to my parents

I promise, oh Mother when you will be,
Old as weak you don't speak,
I will be your voice.
I promise oh Father, when you will not stand
Properly in your old time,
I will be your stick.
Oh, my mother, I promise in the way
To tell you the prank jokes all day,
Only to see you laugh.
 Of my father, I promise in the way
To hear your stories repeatedly always,
Only to see you satisfied.
The weakness homed in you oh mother,
I chew the food for your simple digestion,
I will be your jaws.
The shaking hands of your oh father,
I hope the glass of water for a sip,
I will be your strong arm.

Early rise

If you said it, early to bed,

     Makes healthy, wealthy, and wise.

When the sun is straight,

     The rays then disturb me.

It's not early, it's my rise

     I ask to veil you behind.

My dear clouds made my time

     Picaroon Sun never listens to ballads

Flattery my intonation he rejects

     The time when I was with my beloved

Our place in dreams is fane

     Their cruel rays balk me from bless

I ask, I'm your consort

     Try to dupe to dweeb my words

Presence

The Color of the soil is rose pink,
> *It smells the scent of silk.*
As the white rays fall it on,
> *Soil change into the light of Noor.*
It is named after my presence,
> *Smiling mud, feel blessed of the essence.*
Voice expressed it to create,
> *Slowly, slowly my presence on a date.*
Ghalib penned my beauty in,
> *Iqbal expressed words within.*
You are the gift of God,
> *You are blessed with all.*
They praise my silky hair,
> *My golden brown, black the in air.*
Eyebrows are called in the art,
> *Eyelashes are up in the sky war.*
My eyes are called the deep ocean,
> *Drops of love, love in fusion.*
They had clashed on my red,
> *Rose, lips or May called an apple said.*

They praise my Noor flow,

>My soil surprised in its glow,

The entire scene, when the spirit said,

>The outer presence is nothing but what inner part.

Red all it is

Beloved made me fool,
> When dressed in all red.

The lips are not alone,
> I feel like a falling blood tone.

The surround was in fern snow,
> It appears red rose when air blow,

Air forgets to breathe on its own.
> As beloved scent travels soon

White snow shorted its color
> When all it comes, my beloved,

The clouds are fighting there
> Idiots are looking beloveds hear

A word of UHH came out
> Everyone rushed to have about

Look the grace of these,
> Let me, beloved all alone be free.

I call it their kindness,
> It melts with beloved in redness,

Even white snow forgets & sits,
> If it has the color red a bit,

Around as we meet in another
> Surroundings fall in red all it is.

Making melodies in my heart

Each time I suffer,
I take your name and
Your feel of aroma
It makes melodies in my heart.

      Else when I feel desert in me,
      I didn't ask for rain,
      I can't complain about cracks,
      I do take your name,
      It makes desert melodies in my heart.

I forget my pains,
I feel being born new,
Each spending time takes it,
As I recall your imagination
It makes melodies in my heart.

Early rise

If you said it, early to bed
> *Makes healthy, wealthy, and wise,*
When the sun is straight
> *The rays then disturb me,*
It's not early, it's my rise.
> *I ask to veil you behind,*
My dear clouds made my time,
> *Picaroon sun, never listen to ballads,*
Flattery my intonation he rejects,
> *The time when I was with my beloved*
Our place in dreams fane
> *Their cruel rays balk me from blessing,*
I ask I'm your consort.
> *Try to dupe to dewed my words*
But his devout answer
> *I am being sent by your beloved*
I cry for the love
> *Optimist I am of his ubiquity*
How fatuous I am still
> *The next day I rise, rise early*
And I become, you said
> *Healthy, wealthy, and yes wise*

I prostrate to him and

 He kissed my brow, making me

My beloved has a love for

 I rise early and prostrate again.

Fruit of life

I am not mad about you,

    But your presence makes me.

The drum of green,

    A chubby line ends,

As I touch your

    Creamy green layer.

My fingers sink into the silk,

    I truly feel in my heart,

Sometimes you be on a diet,

    But else you are so fat.

But when it comes to

    Slaughter, if don't think much,

I see your soft corner

    Releasing colorless blood.

I smell your soft cotton,

    You don't cry, you don't smile,

For me, you drink the cup of death.

    But see I am still mad

Watermelon, if I call you with love,

    You smile at me for digestion,

Then you come to know,

    How much I obsess for you.

You are my fruit of life,

My energy, my blood drink.

You are my fruit of love,

My feelings, my fume and all.

Shell

Rind, ring in the sandhill,

    Aloud, aloud Dum Dum string.

Strange particles looked at

    Innocence air, water, and wind.

Tiny blast under the crust,

    Sand flies as it happens to burst.

When I open my eyes,

    I cry I cry and I cry.

Hie, hie take him to cavern,

    Maybe I have a few breathe earned.

Golden art, eyes, hair, and cheeks,

    Still, I become a choice of freaks,

In my lap, on my shoulders,

    They fight either, no bother.

Carefree, I am Prince Charlie,

    Let me enjoy the barley.

The sensation of intelligence I feel,

    Since I am a kid of zeal.

When drops of water play with me,

    The ring of mother's ache while see,

I grow, I grown and I grown.

      Air strings, water calls, and rays' bone,

Can't tell after the scene,

      Let me dry the drops of teen.

Am poet if

Pen in my hands if,
Golden ink is worthy if.
>Sheets of the sky if,
>Silver color lies if.

Without thinking about if,
Even not imagining if.
>Thousands of thousands if,
>Pages of praise if.

Description of eyes in if,
Your noor, red lips of if.
>Your feeling of love if,
>Your fume of the soul if.

Thousand and thousand pages if,
Oceanic and oceanic ink if.
>End all while in if,
>Can't write a bit in if.

Infinite praises collect if,
Still empty in sheets if.
>If I were a poet,
>If I were to praise.

If I were to poetry,
If I were to praise.

    If I, I poetry,
       I praise, I pray if.
If am a poet, I praise.

Earthy pain

Don't cry as I do,
Don't keep patience like I have,
    I am soft but strong,
    I am hard but worthy.
Don't compare with you what I am.
Don't weigh me in you what you have.
    I am speechless, but I shout,
    I am powerless, but I quake.
Don't measure my length with yours,
Don't dig my treasure, like you have.
    I am empty, but volcanic,
    I am a unit, but infinite.
Like the sun, moon, and stars,
I am not in at all.
    Like the air, water, and fire,
    I am not like it at all.
I have been given patience,
Like none, the other has all.
    So you can be like me,
    You can absorb the pain.

If you do so in the whole game,
You win and are the champion of the same.

> *I am earthy pain.*
> *You win and feel the gain.*

Silence speaks pain

What she all has,
Soft silence.
>   *Only breath she takes,*
>   *When opening her lips.*
She always speaks
A silence of pain.
>   *Small two eyes of her,*
>   *Going deep into the well.*
Both have the statement in
A silence of pain.
>   *Don't try to cry even,*
>   *She always said bevel,*
Her eyes drop call it
A silence of pain.
>   *I ask about love for her,*
>   *Service and deeds are err,*
Hardly found in love and
A silence of pain.
>   *The pureness in her land,*
>   *Make her beauty and gain,*
I ask her wish for
A silence of pain.

Ahh! She finally accepted,
And wish for one except,
So a cup of death and her
A silence of pain.

Trust or not

I will take you to the sky,

Don't trust me.

I know the way up there,

It's a beautiful world,

Don't believe me,

I will take you there.

Even I will meet you there.

Trust me, if you hold the tightrope,

Otherwise, I will meet you there,

You have nonsense thinking all around.

Don't act upon me,

I will see you in the sky,

Even I will meet you there.

Come, come and see I am still waiting,

You have the materialistic view left,

See your heart still invite it.

Painful person

Thou I did nothing,
But I produce pains for my own.
My life becomes a machine of gains,
But I bow the seeds of pains.
Spendthrift, I am been called,
True it suits me I am being called.
My friends feel the pinch,
And they let me all alone.
My family says nothing but,
Indicates I am torment boom.
Ambiguous all there are,
But I too am not smart.
I feel I alone am sinful,
Others all are pious.

You

Remember the day, we were together,
Forget the night, we spend it all alone.
Flirt is being called, just doing right,
Better snatched am being all fake.
Shabby comes out of my true mouth,
Wow, when it was an entire lie.
A drop of love fall from my eye,
And the rain of water, when it was sanguine.
Love my dears, heart beats at speed,
Like you oh fair, slowly I am near.
Always I think of yours, ahead my hand to you,
Back in my step, when you were in others.

Gain with pain

I spark the wood and,
Rays burnt my heart.
>   I spread the water and,
>   Splash went my dreams away.
I light my imagination and,
Memory leaves me alone.
>   I put my hand ahead and,
>   The sword takes my touch where.
I open my eyes and
Light disturb my recognition
>   I let my feelings open and
>   She threw me alone in a desert
I call to help and
I got the death helping vultures.

Leak

Oh! You fair lady, where from you came?
The white gown, shining wings, and silky hairs.
>*Hello handsome, I fly from the palace of heaven,*
>*Taking you there, living forever.*
Wow lady, wow lady milky heaven, I am ready.
This is your riding cloud, white and white, brown-brown.
Start your journey now, I will show you the beautiful bow.
Look, look, there the rainbow appears.
Below your the flying hare.
Hear, hear, cuckoo sings there.
Dancing peacocks charms your fear.
Honey River falls from higher-higher.
Look, look there the sun is melting near.
Winds around, wind around cover-
You like a silky fern.
We are near the palace.
Holding your balance-
Put your step in the chamber...
>*Wait, wait I feel wet,*
>*It's 7 o'clock you have still fallen into dreamland.*

Oh my! again my intuition makes me so shy.

I put a smile on my face and hope that this day will be great.

But what happened after then let me wait- till I took a successful nap.

Modern friends

Every time look at your rise,
Why you came, turncoat not,
Oh! Happy, hug me,
Why! GOD, this is improbable.

    Come on, hot or cold,
    Looked for, sweet poison.
    Welcomed always, never anytime.

Why this gift, why wastage of money,
Miser, miser, the small and cheap one.
Stay what you want, month a year.
My home is, not a restaurant.

    Missing you, indescribable,
    Busy with my job, anthropology.
    Beautiful friends always, like my bro.
    But egoists like others, are ambiguous about you.

I am not a season, always your friend,
Like before, same after, always.
Remember you always, every time.
I am your friend, like before.

    Sorry, this world is short.
    But I accept friendship is broad.
    Forgive, my sin, my mistake.
    Like your friend before-same after.

My sunshine

Look at the sun, that is mind,
That is me-my shining,
That is my wish, I desire.
Want to be sun, I am fine.

> Light the world that is mine
> Cool the man, I am warm
> Bulb the candle, it will melt
> This is the world, it won't belt

Help the ant that is pride
I am a man, I am the bride
On the road-owl blind
Sorrow your that is mine.

> You are a parrot-I am company
> That is Rabbit who is jumping
> You are ill-I am sympathy
> This is world-which is empty

That is a smile on your face
We are together we will create
You need help we are ready
That is our world's sympathy

Open the eye-help the ant
Pass the owl on the path
Help the ill-that is great
We are humans we will create

Intense feeling

Do you feel...

> Somewhere in your heart,
>
> Somewhere in your dreams,
>
> Someone keen you watch.

How do you feel...

Does your soul get triumph?

> When you see me in dreams,
>
> When you went to the river,
>
> When you are in the garden.

How much your soul gets triumph?

Is it true to say?

> You see me when you see everywhere,
>
> You feel me when you touch everything,
>
> You find me when you turn left to right.

How much it is true?

> What it is, is it?
>
> Luck connection, is it?
>
> Soul connection or it is
>
> Mine and your connection?

It is a love connection.

My death

I rule myself now,
I am the king of my own,
It is because of you.
> Can you hear me?
> Can you search for me?
> Why you can't beat me?
When I am doing wrong,
When I am wandering,
Four-five days when I come home,
Why you can't beat me?
> It's time to move on,
> It's a way to turn on,
> I am now feeling well,
> It's because of you.
I will take the right way,
I rule the world so soon.
My dad, it's you who
Turned me in a bad way,
> I love you, Dad,
> You are made for me.

Missing my friend

I wanna be
Where you are,
On the hot summer days, I wanna be.
I wanna be
Where you are,
In the cool breeze atmosphere.
I wanna be
When I am feeling alone,
When nobody is me,
When I am forlorn,
I wanna be
Where you are.
When the dreams come true,
When happiness is in bulk,
When everybody says...
Where you are-where you are-where you are,
When the sun is in temp*,
When the clouds are gathered,
When the dryness is very vast,
When the rain is falling fast,

Then, I wanna be, where you are, I really wanna be, where you are.

Hey, where you are, where you are,

I miss you so much, hey where you are?

Temp*=temperature

Everyone and me

Everyone wants to be free,

Not just like me.

Everyone wants to be a celebrity,

Not just as my poverty.

Everyone wants bless,

Not just as my cess.

Everyone wants more,

Not just as my soul.

Everyone wants less,

Not just as my guess.

Everyone wants pure,

Not just as my cure.

Everyone wants remedy,

Not just as my purity.

Everyone wants success,

Not just as my luxurious.

Everyone wants to be escalated,

Not just like my fate.

Right and right

You want what

I want what.

The same is the problem.

But who can complete our want?

Freedom is just like a rose,

When we see your heart wants those,

When we touch the blood is,

Falling like rain such.

Now open your eyes and see

What the world is doing

Thinking! Where we are sitting?

Our eyes want to see this Kashmir as paradise,

But this duty is in the hands of Govt. and their Dice.

Live like brothers,

Struggle like fighters.

Aisi halat ho

Mein taras bhi jawoon agar,
Tumse milne ki guzarish garr.
    Yeh maana meri hadd bhi tum
    Mein kaise usko yaad karoon phir
Jitna hoon bure haal mein hoon,
Yeh ishq mujh se hai aur zulm bhi ho
    Tumse beparwah ishq karoon
    Mein aaj bhi aisi adaa rakhta hoon
Par tum pe Na aisi halat ho
Aisi dua mein har baar karta hoon
    Mein bas aur kuch Na chahoon
    Tumse milna aur raham, aisi shifaa ho
Kyun mein phir yeh dua karoon agar
Tum saath raho har saans tak garr
    Mein phir bas yehi maangoon tumse
    Ishq ki nazar ek baar ho phir.

Aakhir usne

Aakhir mein bhi aise jumle mein phansa

Ji jisse sab ishq kehte hai yahaan

    Mujhe kya pata tha yeh zalim zulm karta hai

    Thoda mein bhi sehleta par yeh toh jaan pe giri

Mein masoom aaj bhi yehi kehta Gaya

Ki kya sahi mein ishq howa hai, sunta Gaya

    Par jhoon jhoon sabr ka Daman mujhse

    Har lamha choutta Gaya, mein tootta chala

Ab Na mein mujh mein aur na jaan

Aise isne Sara hataa diya

    Kya karoon mein ab iska

    Yeh har saans apni karta raha

Aakhir samjh mein aaya majnu aur raanjha

Hoke bhi kyun Na rahe aisi zid mein

    Agar yehi iska faisila tha toh mein

    Hans ke jaan Doon toh gham kya

Aakhir jaan leli isne

Ki jisse yahaan ishq kehte hai

Kyun doondhoon mein

Kyun doondhoon mein tera aks

Har baar kyun tera chehra Gaya mein Taras

  Mein apna dhayaan hatane ko bas

  Karoon har Kisi se dosti is Baras

Yeh maana ki mein nahi pawoonga tumhein

Phir yaqeen aur himmat kyun nahi tootti farz

Ab thak Gaya hoon- nahi jee lagta humein

Aa- ab aaja aur kitna doondhoon, samajh

Ki yeh ek qarz.

Mein masti mein mohabbat mein, jab bhi aisa hota hai

Yaqeen kar tu har baar tera naam aur mera naam hota hai

Magar ek sawaal har baar shayed mein karta hoon hamesha

Phir kyun mein doondta hoon tera aks aise hairaan hota hai

Waqt ho

Saans to le raha hoon,
Tum kyun pooch rahe ho.
Jee toh raha hoon
Phir kyun umeed de rahe hoo.

Yaad toh kar raha hoon
Tum mehsoos kar rahe ho
Jal bhi mein raha hoon
Phir kyun saath de rahe hoo.

Kya tum ab bhi woh pal yaad kar rahe ho.
Jis waqt ko humne sab se churaya tha.
Haan kya khoob lamha tha woh
Jis mein na mein, na tu aur na waqt ho.

Kya tum soch rahe ho,
Mein mohabbat ka kyun pooch raha hoon.
Yeh zid aisi bhi ho.
Tum ishara do aur mein hazir hoon.

Raham ki ada ho,
Mausum ka wafadaar hona ho.
Meri nazar tera haath ho
Jism se jab rooh juda ho.

Din

Kitne din hogaye

Hum tumse na mile

Kaise Kate yeh waqt ke lamhe poocho na tum humse.

Har lamha hum kaise jiye,

Har saans ko kaise piye.

Teri yaad jab aati hai,

Hum ankhon ko band karte hai.

Ki inse ab yeh ansu jo bhi bache hai,

Na juda ho.

Kitne dafe hum teri raah dekhe,

Takte rehte hai.

Aane ka tera pata hai phir yeh dil kyun manta nahi hai.

Tum to hamare dar na aawo ge.

Phir bhi hum intizaar karte.

Isko meine paagal ka naam bhi diya rakha hai.

Kitne din hogaye.

Rehne dein

Kabhi chiraag ko roshan rehne nahi dete.

Har ek darwaza band rehne nahi dete.

Ek rahat ki lehar agar pade seene pe,

Sukoon milega dil par agar-che zakm rehne dete.

Ki koi marham sa lag jaata aatish par,

Sholey bahar aate agar-che muskaan baki rehne dete.

Agar-che khadkhadati awaaz se manzil rehne dete.

Ek qadam kamyaabi ki aur nakaami rehne dete.

Teri kasam aag pe chalna manzoor hai abhi

Bas milne ek baar aate baqi rehne dete.

Farq padta hai

Jab tum baat nahi karte
Jab tumhara haath mere haath mein nahi hota
Jab tera saath saath nahi hota
Mujhe farq padta hai.

Jab koi narazgi nahi hoti
Har lamha aapki pareshani nahi hoti
Waqt be waqt aapki yaad nahi hoti
Haan mujhe farq padta hai

Jo tum Kisi aur se baat karte ho
Yun tum Kisi aur ke saath chalte ho
Mujhe dekh kar anjaan bante ho
Meri rooh ko farq padta hai

Jab is jism ko teri zaroorat ho
Baat baat mein tera zikr ho
Har yaad mein teri kami ho
Kya tujhe farq padta hai

Jab saans mein tera naam aaye
Yun dar pe tera yaar aaye
Fikr mein dard aur phir pyar aaye
Mujhe fikr, kya tujhe padti hai.

Tum kaise rahein

Mein gar poochoon tum kaise rahein
Har lamha har pal kaise guzaara tumne.

    Mein toh har waqt jalta raha
    Mera ab kya, bas Marta raha

Tum kaho haal apna waqt ne saath kaise diya,
Mein kya dastaan kahoon, gadi se bhi haar gaya.

    Koi tasur ya ishaara bhi tumhara
    Na mila, nazar aaya aur na hi pukara.

Kya mein yeh baat samjhon ki shayed
Mein tumhein ya tum, mujhe ab yaad kahaan.

    Shab mein bechani ka haal kya bayaan karoon
    Din guzarta raha, waqt chalta gaya bas apni raat rahi.

Agar tumse phir bhi tera haal poochoon ab.
Dard-o-gham itna hoga ki khud se sawaal karna hoga

    Tumse tere ishq ka bayaan, tune kya kya sahaa hoga.
    Khamosh tum kab tak, kahaan tak, akhir dard hoga

Ilaaj ishq ke maraz ka, marham bas Milna.
Tu awaaz de, har lamha, chalta hoon, chalta raha.

    Mein agar poochoon phir bhi tum kaise rahe
    Har lamha har pal tune kaise guzara hoga.

Aadat gayi kahaan

Muskurane ki aadat gayi kahaan

Dard ko chupane ki aadat gayi kahaan

    Mehfil mein tere naam pe khamoshi

    Us pe sharam aur ehtiraam ki aadat gayi kahaan,

Mujh se ab bhi yeh dost ugal waye kahaan

Tera naam in hoontoon pe lane ki aadat gayi kahaan

    Zikr jab ishq ka hota hai sab ke saath

    Sab sun kar phir khamoshi ki aadat gayi kahaan

Aksar jab yeh sawaal karte hai mujh se

Mein ghum sum sa, na jawaab dene ki aadat gayi kahaan

    Tadapte is dil ki halat har baar si

    Mera naam sabr aur sabr karne ki aadat gayi kahaan

Meri muskurane ki aadat,

Dard ko chupane ki aadat,

Ab yeh aadat gayi kahaan

    Khamosh rehne ki aadat, tere naam pe,

    Sharam aur haya ki alamat, yeh aadat gayi kahaan.

Muqam-e-manzil

Manzil jiska naam- thehar jaata hai yeh muqam.
Mein rahi chalta gaya phir bhi pata na anjaam'

Mukammal dil ko kab mile sukoon ka naam
Mein wohi insaan Jo ishq mein hoon badnaam

Aksar chalta hoon in ankhon ko band karke
Mujhe pata hai Teri khusbu aur woh andaaz

Tu jis gali mein guzarta hai wahaan baqi nishaan
Mein sayaa banke mitata hoon woh benaam

Goya manzil ka pata chala ab mujhko
Mein phir bhi insaan jo naam se hi badnaam

Ab Teri aur kya chaloon tu nazar se hai aashana
Sahil se behta howa mein ab bhi aashiq tera

Chalna ab ke baar nahi hai gawara
Keh do ki nahi hai ab hamara rishta

Tu door sahi zindagi khushaal hai
Bas door hi sahi, warna behaal hai

Ab mohabbat ki hadd, yahaan tak gayi sanam
Ki tu saath nahi mohabbat keliye Teri zaroorat kahaan

Jawaab kya ho

Kyun phir bhi yaqeen hai ki tera ishara ho.

Tum ne jawaab diya phir bhi kyun tera sawaal ho.

Itni muddat se hum intizaar mein hai,kya ho

Bas teri izzat ki baat hai warna pagalpan ho.

Tum bhi kabhi soch lo ki hamari halat kya ho

Warna samj ko samjha lo ki iski aadat kya ho

Kya jano tum hamari bechaini ki halat mein kya ho.

Garr tum bhi is mein jal jao toh tumhari rahat kya ho.

Ki maanlo mera bas ik yeh kehna awaaz mein kya ho.

Tum poochlo hawaoon se, inki behti rawani mein kya ho.

Sare ke sare paigaam mein tera naam bas aur kya ho

Mile jo ho amanat hawa ke naam ishara aur kya ho.

Tum jaan ke bhi ab mere nahi ho.

Mein tera yaqeen aur phir sawaal kyun ho.

Tum se maangna tum ko yeh kamaal ho

Teri fikr, yeh sadaa rab se bas ho,

Tu mil jayo agar, khushi na ho

Tu na mile agar, gham zindagi jaisi ho.

Kyun phir bhi yaqeen hai ki ab ho.

Tera jawaab ek din mere pass ho.

Zikr

Tera zikr- teri fikr
> Teri yaad be-misaal

Tere naam ko mein
> Aise chupaloon

Teri zindagi ki rahat
> Meri aadat si ho

Mein ishq bas karoon
> Tere naam pe hi maroon

Ki koi chehra
> Tere siwa na ho

Ki koi aadat
> Tere bagair na ho

Ki koi rahat
> Teri saza si ho

Tera naam hai ab

Tera paigaam hai tab
> Tera zikr ho

> Meri fikr ho

> Tera naam ho

> Meri zindagi ho

Tum mere mehboob

Hairaan kar diya tere us jumle ne

Ki mein kaise, tera mehboob hoon

Mein kahaan de pata hoon sukoon

Itne door hoke is mein bhi junoon

    Itne arse se hum ek dosre se door

    Tum tadap rahe ho yeh kaisa sukoon

    Mein marr raha hoon haq hai ya phir fitoor

    Tum kehte ho mujhe phir bhi tera mehboob

Gham na hai kismet pe ae IQbal

Soch ke kehta hoon yeh mera qasoor

Tum ji toh rahe ho dekh mein hi majboor

Phir bhi tum kyun keh rahe ho mujhe tera mehboob

    Raste toh dekh kitne fasale hai yahaan

    Yeh milte bhi nahi porab aur pachim ki tarah

    Yun kahoon mein tujhe tera sukoon kahaan

    Nadaan tu phir bhi mujhe tum mera mehbooh kehte.

Ab baat bahut aage badi hai qasam se

Is rishte ko rok lo yeh manega nahi

Iski zaat ko tokko kambakth ko samjhalo

Tum mere Mehboob,the nahi ho ab tum mere

    Hairaan kar deta hai tera woh lafz

    Ki jab keh dete ho tum mere mehboob

Sukoon ke pal

Ek arse se andhere mein tha

    Awaaz suni teri bahir ujale mein tha

Mein dekh ke yeh dhoop ki kirnein

    Ajnabi si mere jism pe tha

Kuch guftago kar rahi thi mere saath

    Mein kahaan kuch samjha nadaan jaisa tha

Joon hi nigaah uper ko uthayi thoda

    Dhoop ne ashq ko marham sa tha

Mein ek arse se andhere mein tha

    Jo bazu ko khol, ek boond si mehsoos

Aisa laga ki sehra mein sailaab jaisa tha

    Jo badal ko howa mehsoos mere dard ka

Ro ro ke mera sara jism, aisa paani sa tha

    Mere wafadaar ashq ko dekh, mere saath

Chesmoon se yeh juda bhi nahi ab aadat mein tha

    Zameen ka sabr meri rooh ki shiddat jaisa

Hazam mere ansu aur ishaara mohabbat sa tha

    Ab jo sukoon mila, aisa laga

Ek arse se mein andhere mein tha

    Haan andhere mein tha.

Zindagi

Ajeeb si sazish hai zindagi ki

Yeh khamosh rehti hai kabhi

Kabhi, yeh shor-o-gul karti hai

Kahin akela toh kahin saaya sa saath hai

> *Kya irada hai isse poocha hai kabhi*

> *Bahut wazir sa jawaab diya*

> *Na koi shak na hi shubah*

> *Mein bahut nadaan, na samjh aur na qabil tha*

Ab batav bala-isse haar jawon

Isko jeet dilawoon ya phir

Isse alag raah loon hoke

Mein majboor iske saath chaloon

Ek tarfa tab

Junoon pane ka agar ho toh

Hum ana ki jung haar kar jayein

    Khamoshi agar yaad karne ki ho toh

    Andhere ko chamak, tera ehsaas kar jayein

Tu dekh ki kitne door hum chalein aaye

Phir bhi teri yaad pass aake rula jayein

    Is jamaat mein dekh raha hoon ki mein akela

    Yahaan tera saaya-gumaan asar kar jayein

Ab darr kaisa zindagi ko saath leke chalne mein

Tab se ek tarfa-ab se akela kar jayein

    Ek waqt toh woh bhi ho to

    Ki jab ankh aur saans band kar jayein

Garr yahaan milna na howa hamara toh

Tujhe wahaan keliye dua maang kamyaab hojaye

    Teri khamoshi phir bhi dua hojayein

    Maang ke tera saath ab jannat hojayein

Ek tarfa mera naam ab

Yahaan se aage khatam hojayein

Mein nahi jaanti

Tum se poocha tha-ki kya mein ab bhi yaad hoon

Tumhara kehna bas wohi duhrana ki-mein jaanti nahi

   Intizaar meine saloon se kiya-ki miloonga aur kahoon ga

   Tumhare jawaab ne toh khamoshi se kahaa-ki mein jaanti nahi

Mujhe phir bhi yaqeen hai na jaane kyun tum jhoot bolti ho

Ek tarfa mohabbat bhi itni asar kahaan rakhti ki tum jaanti nahi

   Jawaab jo bhi tha tune aphi izzat bacha toh li

   Mera kya luta tab bhi tha, aaj bhi kam nahi, ka tum jaanti nahi

Kaash ek baar mein bhool jawoon ki tum ne kahaa kya tha

Ki tere pass aake phir kehta ki mujhe tum kya jaanti nahi

   Tere alfaaz kaise hote-kya hote agar tum ajnabi hote

   Tum mujh se kya kehte ki tum jaanti ho ya tum jaanti nahi

Mujhe suroor aata tere jhoote lafzoon se

Tum kehdo tum jaanti thi par ab jaanti nahi

   Tumse poocha gaya tha

   Kya tum jaanti nahi

Ab tootta nahi mein

Khubsurat sa kehte the mujhe yeh sab
Mein bhi inke saath beh jaata
    Waqt dar waqt guzarta gaya
    Khushi gham ke saath chalta raha
Joon joon hosh aata raha
Har dard badhta gaya
    Har lamha paar aise kiya
    Chehre pe na gham ko aane diya
Har ek rishta choutta gaya
Aur dil sang-e-mar mar sa banta gaya
    Ab kya zaroorat kisi ki zindagi mein
    Tanha apna safar chalta gaya
Ab muskurane ke alawa raha kya
Dard aur gham ab tootta nahi mein
    Ki koi farq nahi padta akele mein
    Tanha hone se ab tootta nahi mein
Khamoshi apni lagti aur saaya saathi mujhe
Alawa koi saath ho na ab tootta nahi mein
    Ki aaya jo akele tha jaana bhi waise
    Kisi ka kya sochna ki ab tootta nahi mein
Tere na rehne se ab tootta nahi mein

Khushiyaan ab tum se

Jab dekhein toh bahut se rishte mile
Har ek khaas aur khoob mila.
> Lamha lamha rishtoon se guzra
> Phir jo mila zor daar sa mila
Waqt ne diya rishtoon ka safarnama
Pata chala koi na raha jo jaisa mila
> Yehi galtiyaan phir na dhurawoon
> Mein akhir kaar haan apnoon se mila
Yeh khushiyaan mukammal tab rahi
Jab mein inko chodh kar yahaan mila
> Woh jo maazi tha mera imtihaan tha
> Ab jisse howa mera haal aur pyaar mila
Woh khaas aur khoob jo mile ab na rahe
Jo jism se tha woh ab jaise mile apne mile
> Unka daman ab na chodoon kisi bhi tarah
> Mera ghar mila-ghar ke log mile aur mein
Haan mein khud ko mila
> Ab jo khushiyaan mili tum se mili
> Rahein gey yeh jab tak tum se mila.

Kabhi kabhi yaad karta hoon

Ajeeb si rishtedaari hai hamari

Mein yaad karoon na karoon tum majboor karte ho

    Garr kabhi samundar pe awoon na awoon

    Tum aur tumhari yaad zaroor lati hai

Mein baarish mein bheegh jawoon na jawoon

Tum ek boond banke mujhe nam karte ho

    Garr dhoop mein kirnoon sa jhaloon na jhaloon

    Haan tum baadal banke saaya karte ho

Aksar tujhe kabhi na kabhi yaad karoon na karoon

Teri massarrat mujhe gumaan mein majboor karte ho

    Is duniya ki bheed mein kho jawoon na jawoon

    Mein aksar teri yaad mein akela ho jaata hoon

Khushi ke har ek pal mein khush rahoon na rahoon

Tum, teri dua mujhe muskurahat aur hassi deti hai

    Phir bhi agar tum kaho ki mein yaad karta hoon

    Nahi kabhi kabhi haan kabhi kabhi karta hoon

    Yaad nahi par haan aksar rota hoon

    Kabhi kabhi jab khayaal hota hai

Yeh kaise howa ki

Is josh mein aksar kho jaate hai

Hum ishq karein aur roojaate hai

Rooh ka rishta bhi ajeeb sa laga

Dhadkan sirf tumhare liye dhadhak jaati hai

Kitne musafir se mulakaat aur baat bani

Magar yeh kambakht inkaar ke bahane bana jaata hai

Jo ek baar Teri aahat basi yahaan

Dhadakte dil Kisi ke liye dhadakna manzoor nahi
karta hai

Qaid Teri yaadon ne aise kiya

Ab is hijre se azaad hona nahi lagta hai

Yeh kaise howa ki kisi aur ka nahi mein

Kahoo ke woh itne aur kitne bhi apne jaise lagte hai

Ab lamha lamha tera saaya saath jaise hai

Yeh kaise howa ki itni mohabbat- karne waloon se zayadah
hai

Tu bol ki itna kaise hai

Ya wahaan jake iska hisaab hai

Jo bhi hai mujhse hai

Meri qismat ko yehi ek gila hai mujhse

Tu bahut dher ke baad kyun mila hai mujhse

Meri be-khawaab nigahoon ko fakhar hai khud par

Teri ankhon mein koi khawaab sajaa hai mujhse

Teri shouhrat mein mera haath bhi tha zahir hai

Tere bazaar ka har ek sauda chala hai mujhse

Aaj phir nazar-e-karam tera howa hai mujh par

Phir se har fard-o-bashar aaj chala hai mujhse

Mein chala jaata kahin choudh kar tumhari duniya

Kaash ek baar tu keh de ki wafaa hai mujhse

Phir tere naaz uthane ka chalan aayega

Ab yeh wadaa baharoon ne kiya hai mujhse

Mere nagmoon ki sadaa aati hai har ek mehfil se

Aaj phir husn ka bazaar sajaa hai mujhse

Tum mujhe chodh ke chah kar bhi na japawoge

Mujhse hai Dard tera aur shifa hai mujhse

Tera toh rishta hai sadiyoon ka malik se suno

Teri haathoon mein rachi hai Jo heena hai mujhse.

Ab is intizaar ko

Ki intizaar ka mausam ab khatam hone ko hai

Tum agar aakar dekho toh phir wohi bahar aajaye

Shayed kahin kho gayi hai ab woh sadaa.

Ki tum tak poonche nahi woh awaaz hai judaa

Mein kyun ab dhoondhon tumhara saaya

Tum aise ho gayab jaise chaand badal tale yaara

Lekin jab bhi mazboot karta hoon is dil ko

Woh tum- tumhari yaad aur phir roona

Mein aaj bhi mushkil mein hoon tum aakar dekho

Garr ishaara- ho na ho koi paigaam kar sitarah

Itni muddat ke fasele kab mitne ke honge

Yeh sab tumhare haathon mein hai-suljhale

Ki phir intizaar tumhara shayed khatam ho

Lekin haan baar baar wohi bahaar aajaye-tum ho

Ab dua hai-dard se aakhir

Aakar is intizaar ko-intizaar ko

Suna tha ki woh

Suna tha ki woh beshumaar khayaal rakhta hai

Jab mere bare mein kaho toh khamosh hota hai

Ab samajh ko mein kaise samjhawoon

Woh mere bare mein aieb rakhta hai

Agar ishq zid pe lata toh

Woh meri hojati koi kismat na rakhta

Par massarrat ko sabr ka naam de kar

Meine rihaayi aur azaadi ka khayaal de rakha

Suna tha ki woh samundar jaise dil rakhta hai

Jab dil ka haal kaho toh kaan band hota hai

Ab khamoshi ko khamosh rak lo ki

Isko khud ki zikr aur awaaz na suna do

Haan agar mohabbat ki hadd paar karlo toh

Junoon aur taqat se woh saath- par na rakho

Khair ishq ko haal par chod do

Main jaise chala hoon ab aag bhi na rakho

Suna tha woh- beshumaar mohabbat karta hai

Par khabar hamare haal-e- dil ki kahaan rakhta hai

Tera gumaan hota

Tera gumaan- teri qasam aata gaya
Aaj waqt ne phir tujhe yaad karaya
    Mein apne gham ko hassi mein badalta gaya
    Par aaj lamhe ne phir sab ko bata diya
Mein yaad tumhein yaad se karta gaya
Maazi ne tumhara khayaal sikha diya

Kyun itni mohabbat mein tum se karoon
Jab ki tumne ishq mein ghar hi diya

Agar tum yaad na karte toh yeh hawayein
Mujhe is waqt-rula hi na deti
Tera gumaan, tera khayaal aur saaya
Ab iltija hai rihayi dete

Mein kab tak tumse ishq karta
Agar yeh dard aaj lamha na deta

Agar tera gumaan na hota

Yaad Teri

Woh yaad jo saath thi
Guzar rahi hai sari zindagi
  Maana ki saath tum nahi
  Magar saans teri rahi
Woh yaad teri
Mujhe pal bhar ke raaz se
Tum kaise yun chodd ke
  Mein talab karta raha
  Teri raah dekhta gaya
Par teri yaad ne
Saath deke
  Yeh bataya ki nahi
  Jaan se juda koi
Kyunki teri yaad
Ab toh aaja tu sanam
Teri raah mein dekhon aa
  Mein tera hogaya
  Tu mera ab hoja

Koi aur kahaan

Chahiye zamana saath saath chalein

Yeh bheed haath thaam lein chahe

Agar badal zameen ban jayein

Aur gulzar asmaan hojaye

Yeh hawa atar ki tarah mehak jayein

Aur yeh aab jam ban jayein

Gar yeh sari kainaat hans uthe

Meri ek muskaan pe chahe

Yeh charind-o-parind tamanna karein

Mera ek lafz sunne keliye

Gar suraj mere liye roshan ho

Aur yeh chand mere liye chamak jayein

Yeh sitare mujhe dekhne ki arzoo karein

Aur yeh taare mere liye timtimate rahe

Mein phir bhi mohabbat bas tumse

Haan tumse karoon koi aur kahaan

Sabr ab kahaan

Hamare ishq ka koi dushman nahi

Mohabbat ka koi gila nahi

Yeh lamha hi tha jisne humein

Yahaan milaya hi nahi

Toh kya sachi mohabbat ka wadaa hai

Hum yahaan nahi wahaan koi judaa nahi

Nahi Kisi ka dosh hamare Na Milne mein

Tu khair kar hum galat nahi

Ab itni aadat hogayi hai humein

Ki mohabbat ka asar kam nahi

Mein-jaise intizaar yahaan pe tha hamesha

Jayez hai wahaan dushman nahi

Ab jo dekh raha hoon safeed sa lamha

Shayed jahannum yeh ho nahi

Mein ishq kar baitha tum rooh se yahaan

Milna hamara zameen pe nahi

Bas ab aa, milja ab sabr itna kahaan

Mein jannat mein tum kahaan

Chote se dil ko

Aksar koshish karta hoon

Is chote se dil ko samjhawon

    Yeh maan bhi jaata hai

    Paagal meri khatir phir lout aata hai

Kehta hai gham mein mazaa hai

Dard mein sukoon aur phir jeena isi ko kehta hai

    Chote se dil ko kya samjhwoon

    Yeh baitha hai apni zid pakad kar

Mein jab jab saath maangta hoon

Inkaar bhi nahi karta aisi mazbooti rakhta hai

    Mein kabhi kabhi muskurane ki

    Aur hans deta hai aise ki gham na hai

Phir aksar hanste hi ankh

Haan ankh nam hoti hai-wajah poochta hoon

    Is chote se dil se wajah poochta hoon

Toh bahane bana kar taal deta hai ki khush hai

Mein is chote se dil ko

Kya aur kaise samjhowon ki aur hai

    Zindagi aur hai

Zid thi meri

Ab mann ko mayal kar diya meine
    Yeh kehte kehte ki theek hai yeh
Door reh sakhta hoon mein'
    Itna ab dil mar mar hogaya yeh
Chithi taroon se rok lagayi
    Mein zid pe ruka ki theek hai yeh
Na koi paigaam mera na uska
    Kitni shiddat dil mein bhar di yeh
Meine muaidah kar diya dil se
    Uski yaad aur usse door hai yeh
Yeh sab kuch zid thi meri
    Dil pe garoor aur fakhar yaad pe yeh
Kitni dher raha is aalam mein
    Jitney ho jo guzra pal yeh
Bas har pal teri yaad
Dil yeh mar-mar sa moom ab yeh
Nahi hosakta guzara ab
Yeh zid thi meri mein tumhara yeh bhi
Kaise kahoon toot gaya sabr
Haar gaya guroor aur fakhar bhi yeh
Ab mann ko maayal kar diya meine
    Yeh kehte kehte ki zid na karo yeh
    Ki zid na karo yeh

Intizaar

Ki kitne mausam badal gaye

Na jaane kitne arse hogaye

    Hum ab bhi ussi intizaar mein hai

    Jis umeed se tumne chode the

Ki kab yeh intizaar ka aalam

Khatam hone ko ho ki dil dhadak ne lage phir se

    Ab toh aaja hum issi

    Intizaar mein hai na jaane kab se

Dekhoon jo ek jhalak yaar ki

Rooh sukoon aur marham ho jaye

    Yeh sari hadein tod do

    Mein tere intizaar mein tu ab aaja

Kya ho isse zayadah ab

Ki na mein khud mein sirf tum ho

    Yeh Wada raha ab

    Tu aake intizaar ko khatam kar ja

Ab toh aaja is intizaar ko

Khatam kar ja-ab toh aaja

Phir jo miley hum

Tum kya jano ki aalam kya raha

Hamari halat pe majboori kya raha

    Jo pal guzra yaad pe yaad tum

    Ki kehna tumse khamoshi kya raha

Ab itni muddat se yaar jo mile

Dil ka haal mann ki khushi kya raha

    Ab zahir bhi karoon toh mohabbat bhi kya

    Tumse hasil toh duniya yeh kya raha

Mein manta hoon ki tumhara haal bhi

Itni shiddat aur phir raabta kya raha

    Aakhir hum bhi majboor hoke tumse

    Milne ko aaye phir yeh adhura pan kya raha

Batado hamara- hamare ishq ka

Fasla aur manzil aakhir kya raha

    Ab jo phir mile hum tumse

    Bas ek sawaal-sawaal hi kya raha

Mein massarrat- aakhirat aur yeh aalam

Phir hamara tumhara yeh rishta kya raha

Woh chala gaya

Hazaroon raaz woh leke chala gaya

Hum toh bas itna poochte ki raaz kya tha

> Woh khamoshi mein muskurate chala gaya

> Hum toh khamoshi ke bare mein poochte ki kya tha

Aise bhi koi kya jaata hai ki-

Dil mein aag aur ankhon mein roshni tha

> Woh saare sapne apne leke gaya

> Hum toh ek sapna jaante ki kya tha

Woh hazaroon raaz apne dil mein

Dafna ke chala gaya hum toh bas dil...

> Woh chala gaya par aise

> Bhala koi jaata hai kya

Mein aur Saathi

Bahut mushkil hota hai jab raaste ruk jaate hai

Aur aksar aisa hota hai ki yeh hamare saath hai

    Jab sab kuch hai phir yeh bechani kyun hai

    Aur yeh bhi pagal pan hum se hi hai

Kyun hota hai chaand hamare roshandaan pe aksar

Yeh har raat muskurata hai mujhe dekh kar aise

    Aksar jab iski chamak kho jaati hai lamha bhar

    Phir kuch dher baad aakar yeh sharam saar hota hai

Har raat khamosh aise kyun hoti hai

Mein aksar jawaab mein kehta hoon mera koi kasoor nahi hai

    Na jaane mere saath yeh andhere ki dosti kyun

    Mein chahta toh roshan Jamaal aur phir chiraag se bhi karta

Na jaane mein aur yeh lamhe kyun ek dosre se

Phir hum saath saath aur door phir kyun

    Kehte ho mein chaand, andhera aur lamhe se

    Aur koi nahi bas mein saathi hoon

Aksar yeh bas mujhse aise

Phir lamha lamha mujhse aise

Hamari suni sunayi si kahani

Ki ek kahaani, jo reh gayi adhuri

Adhi si, na poonch paayi woh akhri

Suni sunayi si, haan par kuch dekhi si

Woh meri, tumhari, haan hamari kahaani

Ki ek kahaani

Ki kuch yaad karoon mein thoda sa is mein

Ho fursat ke pal tumhein, toh tum bhi thoda sa karna

Yeh yaqeen hai ki adha adha, poora na hoga yeh kal

Par sukoon tumhein bhi hoga, rahat humein bhi is pal

Ki ek kahaani adhuri si hamari

Mein saath deta jo wadaa kiya tha wohi nanhe alfazoon mein

Tum bhi agar haan karte inhi mazboot lafzoon mein

Mein asmaan pe, badloon ke haan wohi taj banata

Agar issi umer mein tum mujh se yeh mar mar tod ke dikhata

Ki ek kahaani-suni sunayi

Ab toh yeh mera nadaan qalam nahi likh raha

Tumhari aur tareef yeh bardasht kahaan kar raha

Mujhse baar baar ijazat maang kar mujhse yeh

Hamari kahaani ko intiqaam tak nahi pooncharaha

Ki hamara ek kahaani

Jo reh gayi adhuri

Wohi suni sunayi si, haan hamari kahaani

Chaand aur bulbul

Jab mulakaat ka poocha chaand ne

Ghabra gaya bulbul akele mein

Kaha ki raat ke ujhale mein

Daryaa ke kinare aur neele asmaan tale

 Bulbul sharm se, na haan kaha

Magar yaqeen tha aur na hi na kaha

Karta bhi kaise ab jo ishq howa tha

Woh bhi himmat leke ab nikal pada

Intizaar woh ussi jagah karta gaya

Magar chaand na jaane kahaan kho gaya

Wohi tha neela asmaan wahaan

Aur hoo-b-hoo daryaa ke kinare raha

Woh waqt, ki raat mein ujala na raha

Bulbul ka sabr aur phir dil ghabra gaya

Na jaane chand ka kya howa

Ki ishq ki pehli mulaqaat ka kya howa

Aaj bhi jab woh manzar dekho

Bulbul chaand ka wohi intizaar kar raha

Betabiyaan

Betabi cha jaati hai jab mehak aati hai

Hawaoon se pooch, jo inko saath laati hai

    Har zakm ko yeh aise chu jaati hai

    Jaise khoon barf sa laga chamde se chipak jaati hai

Aise har baar nahi hota

Tab tab jab bechaini hoti hai

    Guroor kitna karoon khud garz ishq pe

    Tumhare Siva Kisi aur ko yeh maanti nahi hai

Aksar aisa nahi hota qasam se

Ki har saans lene mein rukawat aati hai

    Jab gour se dekhta hoon toh

    Naam tumhare haroof ke saath laati hai

Tumhara bechain hona yaqeen hai

Meri betaabi aksar hoti hai

    Mere saath hoti hai jo aksar

    Guzri howi hawayein tere jism se aati hai

Tab tab aksar be taabi chati hai

Jab jab tum bechaini mein tumhari awaaz aati hai

Meri halat

Kuch alag tha jo hogaya hai

Warna itni fitrat meri nahi badalti

Yeh jism ka aag hona

Yeh lafzoon ka nam hona

Yeh kiafiyat pehle toh nahi thi

Ab aisa kyun ki ab hai

Kuch alag hai jo ab hai

Warna meri halat aise nahi badalti

Ae dil

Yeh gustakhiyaan kyun karta hai dil

Yeh pagalpan kyun karta hai dil

    Tu tanha tha tu akele hi reh

    Phir tu kisi aur ki tamanna kyun karta hai dil

Tu itne zakhm leke chala hai

Thoda sa aur bardasht karle

Tu jazbatoon ko thaam kar

Muskurahat leke chal ae dil

    Tu pal bhar kar kyun rakhta hai yeh soch kar

    Ki kya akela pann ya tanha basar reh kar

    Zindagi chalne ko chalegi waqt guzar kar

    Bas faisila kar tu nam na hona kabhi bhi ae dil

Jaise subah roshan hoti hai suraj nikal kar

Andhera guzar jaata hai chaand ko dekh kar

Ki haan bache khush hote hai taroon ko dekh kar

Tu bhi kuch ehd kar apne khawabon ko samjh kar ae dil

    Yeh gustakhiyaan, pagalpan chodh ae dil

    Tere sare rishte tujh se hai ae dil

    Tu samajh inhein aur sehra mein chal kar dekh

    Aaj bhi zinda hai tu tere chahne waloon mein ae dil

Tu udaas hona nahi jaanta ae dil

Teri himmat, tera saaya hai dil

Ab har fard dekhega ek din

Tera kamaal, himmat aur teri mohabbat ae dil

    Bas hosakhe toh sirf

    Har kisi se karna beshumaar

    Khamoshi se na alfaaz

    Kehte hai jisse mohabbat ae dil

Khatir tere

Bayaan ho na ho
>> Alfaaz-e-junoon ka lehar

Kuch pal dewangi ke
>> Aur baki teri marzi ke

Kehte hai jo lafz zaroori nahi
>> Par kya khamoshi sadgi toh nahi

Bechaniyaan barbaadi toh hai
>> Par berukhi abaadi toh nahi

Fasila tai hai mera
>> Zindagi tere khatir hi sahi

Aa aur dekh meri masroofiyaan
>> Kisi aur keliye hai isiliye sahi

Beparwah kyun hoke yahaan
>> Tu saath hai toh har dasht bhi

Aake kaho ki yeh sadiyaan thi jo
>> Intizaar tere liye bas teri khatir

Kar ab izhaar ki yeh alfaaz
>> Ab bas meri khatir ho

Ki jaise mera raha
>> Tu bhi ab mere khatir

Mukhtasar si mulakaat ho
>> Hum dono ass pass ho

Meri nazrein tere chamkte howe mehtaab pe ho

Aas pass ho

Jaanta hoon ki tum gair ho

Par itne bhi kya ki yaad-e-dil mein ho

    Pata toh ab bhi nahi mila tera

    Bas yeh jaana chahta hoon ki kya tum waqi ho

Hai jo hawawoon mein ehsaas ki ada abhi

Itna wajood hai ki tum yehi kahi, ass pass ho

    Ab dikh bhi jao is dund mein bhala

    Mana nazar kamzoor hai meri par yeh saaya tum, kya
    tum ho

Suno ki dil ki awaaz hai meri

Yaqeen hai yahaan kahi tum haan bas tum ho

    Khudara dekh ki jaan jaarahi hai

    Aa, dekh mein yahaan aur tum wahaan ho

Khata toh yeh hai ki pata bhi nahi tera

Mein mazoor hoon aur tum samne ho

    Sazaa tumhein milegi mehshar mein zaroor

    Ki jis tarah se tum jaan meri nikaal rahe ho

Woh jannat teri kis tarah bane gi

Laash toh meri hai aur haan rooh ke qatil bhi ho

Hisaab yahan nahi ki wahaan sab kuch ho

Tum miloge wahaan jahaan mein aur mahabbat ho

Woh raat hojaye

Shaam ho, shor tham jayein
Tumhari awaaz ho aur hum aajayein

Raat ho, andhera hojayein
Taroon ki baraat ho aur hum saath hojayein

Chamakta chand ho, sar sabz maidaan hojayein
Haathon mein haath ho aur ek dosre ko dekhna hojayein

Samunder ki khamoshi ho thandi hawa hojayein
Aagosh mein tum ho aur saansein meri hojayein

Mohabbat ki hawa ho har cheez jodein ban jayein
Hamari bhi aah ho, aur ishq hojayein

Hamare na alfaaz ho na hi koi lafz
Har tarf khamoshi si ho aur barish hojayein

Na roshni chand reh jayein na hi koi taara
Yeh raat baki na aur mukammal andhera hojayein

Na koi hosh na fursat na gham reh jayein
Dono saath hai is lamha mein aur qayamat hojayein

Mere saath tu aur tere saath mein

Isi andhere mein, khamoshi se yehi dafn hojayein

Yeh sham aur woh shor aajayein

Tumhari awaaz aur woh raat aajayein

Bas woh raat hojayein

Tu gaya toh kya howa

Woh jo tera baar baar dekhna
>Dekh ke muskura aur muskura
>Mujhe kya pata tha ki aisa hoga
>Akhir hamare saath yeh kya howa

Mujhe woh shab ki mulakaat dena
>Mujhe aisi waisi baatein aur nasihatein karna
>Woh muskura kar gussa hona tera
>Thoda waqt aur moqa dena, yeh kya howa

Gham-zadah akhri khabar sunna
>Tera chehra woh waqt ko kosna
>Meine awaaz di tumhein, suna
>Par umeed pe na qayam, yeh kya howa

Kaise tumhein hum kahein ki dhoka de diya
>Saansein tu ne, bahut dair tak leke wafaa diya
>Arzo sadaa thi, hamare, jo tune ishara kiya
>Humein masarrat di jo ungliyoon ko hila diya

Teri qismat bhi kya khoob likhi gayi thi

    Jahaan se dholi nikli wohi dham deke tune

    Us duniya keliye apna janazah nikala

    Isiliye kya tere chehre pe woh muskurahat nikli

Kehte hai sabko jaana hai wahaan

    Ab tayaari ki zaroorat lagta hai padi

    Woh aalam bhi khoob hoga shayed par

    Mujhe bas ek cheez poochni hai tum se yahaan

Tere saath jo howa woh kya howa

    Tune jaate jaate kis ko awaaz di hogi

    Tu bhi toh sabr wali- nafas ko haath mein rakhne wali

    Toh faristoon ne tumhein sahara kyun nahi diya

Gham nahi hai mujhko jo howa

    Bas takleef yeh hai ki yeh kya howa

    Tu toh chali gayi is duniya se

    Tu gayi yahaan se toh kya howa

Ab yahaan is zalim duniya se kya doon tumhein

    Yahaan zalim log, zulmat ka andhera

    Aur na jaane kya kuch barbadiyaan hai pata toh hai

    Tu dua kar jannat se ki humein bhi muqaam mile

Ab aieb nahi mout ka hona

Tu zinda hai dilon mein aise rehna

Tere liye jannat ka aalam ho kya kehna

Aisi dua duniya se bas aur kya maangna

Tu gayi toh gham nahi hai behna

Yahaan- suno teri tareefein aisi hai

Ki jaise dil ko rahat ka sukoon milna

Ab toh gayi toh kya howa

Jaane Jaate jaate tune kisko

Aah jaisi bhari howi di hogi

Ja, tu ja

Tu gayi toh kya howa

Aksar dairr karta hoon

hamesha dher karta hoon mein

unse milne jaana ho, ya unse baat karni ho

uske barein mein poochna ho ya usse kuch batana ho

akser dairr karta hoon mein

khud ki uljhanoon mein aksar usse bhool jaata hoon

uski khawahish pori karni ho ya usse manana ho

aksar dair karta hoon mein

musibatoon mein uska khayaal rakhna ho

ya uski khamoshi sunna ho

aksar dair karta hoon mein

usko jaake bahut kuch batana ho

ya usse bahut kuch sunna ho

aksar dair karta hoon mein

paas uske jaana ho ya usko pass bulana ho

uske liye dua karni ho ya uski dawa karni ho

hamesha dair karta hoon mein

ab woh pass kahaan

ab kis se ilzaam, kahaan aksar dair karta hoon mein

Wazir

Nadaan badshah ka rajia kon chalata hai

Dor uske hathoon mein agarche dimaag kon chalata hai

Kehte hai jisse shatir sara khel ussi ka hai

Usne apna naam kya khoob wazir rakha hai

Mana taqat ke lihaaz se badshah hota hai bada

Dushman ko maar dhar kar, kar deta hai woh fanaa

Lekin mout aakhir uski gardan pe bhi hoti hai bala

Bach kar shatir

Wazir bhi nikalta hai is mein dafaa

Ustaad

Unhoon ne humein alfaaz diye
Unhoon ne humein ilam diya
    Hum toh hamesha unke nishaan pe chalein
    Unhoon ne toh humein yeh jahaan de diya
Hai hosloon mein dum abhi- jaan bhi baqi hai'
Hamare sar pe haath hai unka- hamare liye jahaan abhi baqi
    Kuch pal toh guzaar liye- kuch pal abhi baqi hai
    Har dhadkan pe qaraz hai unka- har saans pe ehsaan hai
Wohi samaa- wohi pal- na woh badlein na hum
Kuch naye saathi aur kuch gaye tham
Yaad rakhein ge har pal- har qadam
    Hamara toh ehsaan hota hai har ek cheez pe
    Woh itna kuch karte hai aur jatate bhi nahi
Woh kehte hai hum un jaise nahi
    Phir bhi woh hamare jaise lagte hai
Woh kehte hai hamara rishta nahi
    Phir bhi woh rishta chodh kar aate hai
Woh kehte hai yeh ehsaan nahi
    Phir bhi woh ehsaan karte jaarahe hai
Hamare girte qadam woh samhale
    Hamari qismat woh banaye
Unke hathoon mein hai hamari dor
    Wohi toh hai hamari zindagi ke charoon aur

Mausam

Baat har mausam ki hogi
Yeh mulakaat baar baar hogi
    Jahaan bahaar mein khilte hai phool
    Wahaan milte hai ishq ke mehboob
Yeh baat bahaar ki hai
Jo janam rooh ko deti hai
    Kahin bahut dhoop ho garma mein
    Jo kirney paani ke saath milke
Aise ghum hojayenge dono
Hawa mein naam o nishaan na ho
    Bahut jee liye ab khazaan ho
    Zindagi dard bhari aur azaab si ho
Yeh kahani mout se aur wabastigi hai
Shayed judaai ab isi ki haalat ho
    Kya koi rahat dekhein jo samnaa ho
    Har taraf na umeed sirf udaasi ho
Agar is samunder ko paar kiya
Toh aage jake ek aur nayi
    Ek aur nayi zindagi ho
    Baat mausam ki aur mulakaat ho

Halaat-e-dil

Ajeeb si zindagi ke imtihaan hai
Hamare soch ne hamari jaan li hai
    Nazaryah dil ka kuch aur hai
    Haqeeqat zehn ne kahin aur liya hai
Yeh safar mehz ek itifaaq hai
Manzil sabko khabar hai najaane kyun khauff hai
    Ladte rahe hai umer bhar na jaane kyun
    Chalte chalte aake ruke kahin andhere yun
Yun hi koi khabar suni thi
Manzil tak raah mili thi
    Anjaan dil rang leke chala tha
    Kya pata anjaam kya hona tha
Waqt aur safar bahut tezz rahe
Ek baar moqa mila peeche dekha
    Kisi mod pe khud ko chodh aaye hai
    Hum ab kisko saath leke chalein hai
Ajeeb si kahani hai zindagi ki
Banjar mein bhi sabza nazar hai
    Koi umeed such se nahi hai
    Halaat e dil ki khabar khoob hai
Na jaane kyun hum khauff-e-dil rakhte
Kaash hum sara tawakku tum pe rakhte

Suna hai tera ishaara bhi kamaal hai

Hum ab is keliye iradah-e-dil rakhte

    Door tak humein kuch nazar nahi aata

    Kahin humein tumahre siwa umeed nahi aati

Yaqeenan tha ki hum tasbeeh phirte

Par dil ke haalat aap batate phirte

Kabhi dekhe humne bhi aapke jalwe

Chalte milenge aapke noor ke jalwe har zar phirte

    Kahi rang duniye ke bahut dikhe

Dil ki takhti

Azaab toh yeh ki qalam ko

Uske apne se judaa kar diya

    Aur ajeeb toh yeh ki ussi

    Qalam se haal-e-dil likha diya

Is safar mein har koi roo raha hai

Kahaan qalam aur dil ke haal

    Jispe yeh dastaan likha jaa raha hai

    Us dil ki takhti pe dil ka dard tarasha jaa raha hai

Qalam apne ansu roo raha hai

Musnif apne moti barsaa raha hai

    Yahaan dil ka haal yeh hai ki

    Dil ki takhti khud khoon mein roo raha hai

Aise halaat dekh ke ae shayer

Mujhe mere gham kitne kam lag rahe hai

    Haar diye gaye yun zakm mujhe

    In sab se bahut narm lag rahe hai

Koi kisi se yeh dastaan kyun kahein

Zakm itne gehre hai yunhi sehein

    Najaane sabko sabse rahat kab mile

    Yehi dastaan dil ki takhti pe bas likte rahe

Aasifa

Tu nanhi jaan ek pari jaisi aasifa
Teri ankhon mein chamak aur kuch sapne aasifa

Kya guftagu karti hai in chote maweshiyoon se
Yeh sunte bhi hai tera aur tu inka aasifa

Tu har subah inko leke jaati kahaan aasifa
Khud ko kuch khati bhi nahi haan inki parwaah hai aasifa

Intizaar raha unko tera kahaan gayi yeh jaan
Kab se tu gayib hai koi khabar nahi aasifa

Pareshan baba, ammi hai yahaan tera intizaar hai aasifa
Har jagah doond rahe hai dar-b-dar tumhein aasifa

Dekh in mayeshiyoon ko, maan hi nahi rahe hai ab yeh
Zid liye baithe hai ki jayein gey sirf tumhare saath aasifa

Ab yeh kya, mili tu kahaan jahaan jaate bhi hai nange
pawoon
Tumhare saath zulm ki hadd howi aur bagwaan dekh raha
tha aasifa aasifa

Yeh wehshi tumhare nazuk saans ko na pehchaan sakhein jaana

Kya tumhein bachane khud bagwaan kyun nahi utra zameen pe aasifa

Yeh toh tai hai ki ab mohabbat in mayeshyoon mein reh gayi aasifa

Warna yeh insaan tujhein nanhi pari samjh ke chodh dete aasifa

Bas itna samjhna zaroori hai tere jaane ke baad

Mohabbat karni toh in bezubaanoon se haan, such hai aasifa

Qurbaan kar gayi toh aasifa

Ek sadi baad

Na jaane mein kyun aaj is gali aaya

Na jaane kyun mein aaj yahaan aake ruka

    Raaste chalte chalte ek aah toh nikli thi

    Kahaan kabhi jhalak milti itna irada tha

Par asmaan tak toh poonch gayi thi

Mujhe kya pata tha ki barsaat aarahi hai

    Aaj kitni sadi baad tumhein dekha

    Aaj tumhein dekha aur dekhta reh gaya

Mein kya kehta

    Tumne kabhi roka tha

Mein kahaan chalta

    Tumne mana kiya tha

Par tum toh kuch kehti

    Humne na roka na mana kiya tha

Aur phir jee bhar ke tum chali gayi

Meine saans li aur chalta gaya

    Mein aaj kyun yahaan aaya

    Mein aaj kyun tham sa gaya

Abhi abhi

Abhi nigaah ko na azmalena
    Phir mohabbat mein jaan daal dena
Agar che hum inkaar kerein toh
    Khudara masoom si jaan bhakash de na

You smile in the way
    They set a door away
Still, you kill the ray
    Let them free to say

Tasawwar mein tasveer banane se kya natejah
    Mulakaat unse karne ka kiya muaihdah
Agar mashooq zahir ho achanak se samne
    Toh phir khuda se un ko maangne ka kya faidaah

She has the call of depths
her breath is still worthiness
Even when she smiled a little
The world seemed to be dumbness

Irada

Saadgi mein yun choor hoke

Guftagu mein phir masgool hoke

Unse wadaa kya kar liya

Zindagi se yun door hogaye

>*Tere rang ko rangrez banke*

>*Issi mohababt mein giriftaar hoke*

>*Toofan ko cher ke niklein*

>*Hum toh tere ashiq ban gaye*

Phir se issi imtihaan mein soch ke

Hamesha teri raah se guzar ke

Angaare leke kya chalein

Aap toh hamare dewaane ban gaye

>*Mout ke farishte se darr chod ke*

>*Aap ki rassi ko mazboot pakad ke*

>*Hum ne irada kya kiya*

>*Jannat ke hum malik fard ban gaye*

Trying to be better-is testing

>*To come out of bad*

Being willing to be pious-is passing

>*Through the said*

Mujhe kuch yaad nahi

Kya hawa leke aayi paigaam tera

Bechainiyaan teri dil ki kar rahi hai yaad

Mein kaise aaya tere pass

      Par mujhe kuch yaad nahi

Ek sadi ke baad dekha tumhein

Bahut gour se dekha tumhein

Itni khamoshi padi hai jism pe

      Par mujhe kuch yaad nahi

Tumahre chasm woh khamosh se

Tumhare thar-tharahat laal hoont se

Tumhari sehmi sehmi aahein bhi

      Par mujhe kuch yaad nahi

Tumhare laboon ki awargi

Tumhare hoontoon ki narmi bhi

Aur tumhari saansoon ki garmahat

      Par mujhe kuch yaad nahi

Tumhari sehmi si awaaz

Tumhari dard ki shikayatein

Tumhari badhti howi betabiyaan

Aur tumhari ungliyoon ki gustakhiyaan

      Par mujhe kuch yaad nahi

Tumhari rooh ki woh tadap

Tumhari ankhoon ki amdeed

Aur tumhari kaanoon ki garmiyaan

Par mujhe kuch yaad nahi

Na jaane kab woh mulakaat hogi

Na jaane kab woh ehsaasaat hogi

Yeh arzoo ki dua kab qabooliyaat hogi

Kya tumhein kuch yaad hai

Par mujhe kuch yaad nahi

Tumhari rooh-jigar-sansein-jism

Par mujhe kuch yaad nahi

Tum shayed tumhi

Sunayi deta hai aapka hansna
Dikhayi deti hai meri nadaaniyaan
Agar yeh mohabbat nahi hai toh phir kya
Mujhe kyun sunayi jaati hai kahaniyaan
    Meri saans mein saans ko mila na dena
    Meri rooh mein apni rooh ko utar na dena
    Iktiyaar toh khud pe bhi ab nahi hai
    Toh meri jaan ko tum mujhe iktiyaar se lota dena
Ruk jaate hai qadam kyun
Kyun darr bhi adhura rehta hai yun
Tumhein paane ki khawahish toh karte hai
Phir reh jaati hai adhuri saansein kyun

Mujhe sab yaad hai zara zara

Awaaz di thi tumne milne ko
Sab kuch chod ke nikla tha mein
Milte tumse hi karna tha fasila
    Mujhe sab yaad hai zara zara
Jo mein thehra tumhare dar pe
Intizaar karaya tha tumne bahut raat tale
Jo qadam tumhare badh rahe the
Kuch dhadkan dhak dhak zor se hile the
    Mujhe sab yaad hai zara zara
Keh do us raat se
Kitni ajeeb halat thi bebasi mein
Gawaah hai chand bhi
    Mujhe sab yaad hai zara zara
Aakhir jo tum aaye the
Meri halat tumse dekhi thi
Tumne jo nazar lagayi
Bas wohi rooh taaza howi
    Mujhe sab yaad hai zara zara
Hamari mulakaat mein chaand tha
Chandni thi aur raat ki halki si roshni
Woh hawa bhi Sharma ke chali gayi
    Mujhe sab yaad hai zara zara

Ek pori raat mein tumhein dekha
Ek palak bhi nahi jhukayi
Kuch gham zadah ansu bhi howe
Shayed

   Mujhe sab yaad hai zara zara
Itni raftaar se tumhari dhadkanein chali
Meine gumaan kiya ki shayed akhri chali
Par tumhari saansoon ne aah bhari
   Mujhe sab yaad hai zara zara
Woh kiran suraj ki jab padi
Itni phir humein fikr howi
Shayed
Ab bichadna lazmi hai
Meri ankhon se par ashq giri
Mujhe sab yaad hai zara zara
Itni si mulakaat rahi
Zindagi bhar yeh saath rahi
Kuch irada kiya tha phir humne
Yeh sab ab bas ek baat rahi
   Mujhe sab yaad hai zara zara
   Tum jo chale gaye the wapas
Hum bahut betaab rahein
Awaaz bahut di tumhein qasam se
Tum ek pal bhi na mude
Mujhe shayed yaad hai zara zara

Sadiyaan gayi dedaar ko

Umrein gayi khusbu ko

Gar tum aawoge ab

Kaise amdeed karoon

Mujhe yaad dilawo zara zara

Mujhe kuch yaad nahi

Mujhe kuch yaad dilado zara zara

Ek aur saal gaya

wohi shor machake aaya tha tu

Sab ke armaanoon ko jagake aaya tha tu

Tumhare chalne ke saath saath sabne chalna shuru kiya

Koi saath to kisi ka dam nikla sab se aaya tha tu

Itna lamba safar tha toh tune kya diya yahaan

Kabhi ansu thode gham par haan khushi bhi di yahaan

Lekin tum na thehre gham pe na khushi pe na khud pe

Humein chod diya ussi haal mein jo diya tha tune diya yahaan

Ab tu jaa raha hai toh yaara

Zara dekh mujhe mein haara

Chahiye jo tha tu jaisa bhi

Agle ko batake aana yahaan koi aur hai bechara

Gaya tu toh mere sare gham lejaana

Mere saath saath mere ansu lejaana

Mujhe chod dena kisi aise aalam mein

Jahaan tu dobara lot ke na aana

Ae saal tu jaana

Mere saare raaz tumse

Meri har ek gawahi tumse

Kisi ko na batana yeh kasam hai

Yaqeen hai tum pardaah karoge

Aane wale saal se

Ab dekh lo ek aur saal gaya

Thoda thehar lo ek naya saal aaya

Zara ruko tum bhi mere saath

Yehi khushi aise bhi guzarna

Ki ek aur saal gaya

Matlab toh gaib se

Usne poocha kahaan ho
> Ghum hoon shayed yeh jawaab tha

Rooh toh mere pass hai
> Par jism ka bata raha hoon

Mein toh dono mein uljha hoon

Tumko aise khone nahi denga

Alawa hamare kisi ke hone nahi denge
> Yeh wala ehsaas hara deta hai

Tum kahaan ho jab poocha usne
> Ghum ho yehi alfaaz rahe uske

Jism ke kya haal hai batav

Rooh ke halaat hum jaante hai
> Khair matlab to gaib se hai

> Tum apni sunav

Veeraniyaan

Kis rishte ko hum umer bhar saath leke chalenge

Kitne hi rishtoon ko hum yunhi barbaad leke chalenge

Yeh zimmah daariyaan koi matlab ki lagti hai

Shayed ta umer hum yeh veraaniyaan leke chalenge

Gazab hai unka aur kamal ka kya kehna

Saath chalte chalte khud ko bhool jaana hi kehna

Aisi zindagi ka koi maqsad ho yeh pata kar

Itne sare sawaal hai koi jawaab ki kya kehna

Jo chodh ke gaye woh aake humse kuch kehte

Kuch choti choti batein hi sahi nasiyhat to karte

Humein aasani hoti zindagi ki shaam tak

Kahin se koi apna humdard aata aur yeh kehte

Bahut dard bhari hai yahaan har kisi ki kahaani

Hum jab jab sunte hai tu hamari lagti hai puraani

Khair jaana toh sabko hai manzil tak

Rishtoon ko khair saath hoon, khatam hojaye veerani

Jo chalta jaise guzaregi yahaan pal pal

Hum apnoon ki khabar rakhein harpal

Jo saath hai woh Mubarak ho humein

Nahi jo hai woh bhi Mubarak hamare darpar

Wohi thi

Baat kal raat ki thi
Shayed akhri mulakaat thi
> Woh jo meine neend mein
> Khuli ankhon se sapna dekha tha
Kahin leke jaa raha tha mujhe
Yeh udaan andhere mein parr de raha tha mujhe
> Na fikr zameen ki rahi thi
> Aur na koi gham zameen waloon ka tha
Bahut khubsurat duniya thi woh
Na jaane yeh moqa mujhe hi kyun mila tha
> Woh azaad udaan aur woh
> Be parwaah waqt ka raham bhi toh
Kahin ek jagah jo thehar gaya mein
Dekha, chaand ke peeche koi dekh raha hai
> Awaaz di meine un nazroon ko
> Sharmake koi badloon mein chupp gaya woh
Mein ladkhadake be-hess hogaya
Kaash yeh sapna koi haqeeqat hota
> Woh ankhein koi jaani pehchani si thi
Kabhi kahin mile toh zaroor batawonga
Ki wohi thi
Haan wohi thi

Jaane kaisi hogi

Jaane kya khabar hai uski

Na jaane kya halat hai uski

    Kayi saal beetein hai unse na mile

    Kya hogi na jaane kaisi aadat hogi uski

Kuch batein yaad hai unki

Woh purana chehra yaad hai uska

    Ab najane kaisi baat karti hogi

    Aur na jaane kaisi nooraniyat hogi uski

Khair waqt qareeb aaraha hai

Unse milne ki dua hazaar horahi hai

    Ab milke sadiyoon ka bhoj halka hoga

    Aur kuch aage ki fursat yehi baat hoti hai

Shuru mein karoon ki khatam woh

Bas aadat dono ki ek jaisi ho

    Ae dil e nadaan bas kar ki ruk ja

    Thoda sabr se kaam le aur tham ja

Unki khabar unhi se poochna

Saamne aayenge to halat bhi kehna

    Jee bhar ke chehre ka deedar karna

    Aur akhir pe nikaah ka sawaal poochna

Mubarak ho

Un lamhoon ko- us waqt ne

Hamesha keh diya alvida alvida

Hans do khudara tumhein Mubarak ho

Mubarak ho

Us rishte se sari hadoon se

Humne damann apna chodaliya

Bas tumhein daag na ho

Humein Mubarak ho

Mubarak ho

Jaan lo tum, na jaan lo meri

Jab tak zindah hai na milo

Tumhein rahat, humein takleef Mubarak ho

Mubarak ho

Fasilah toh hai, raasta bhi hai

Marzi tumhari jaayiz hai shayed

Par na arzi meri tumhein Mubarak ho

Mubarak ho

Aaj ki baat

Aaj ki raat hai bas
Haalat-e-dil ki baat hai bas
Kal phir naya sawera hoga
Issi umeed mein hai hum bebas
       Aaj ki raat kate gi kaise
       Zakm-e-jigar bharegi kaise
       Sabr toh bahut hai aur kya
       Tumhara chehra ab dikhega kaise
Lo maan liya bahut arsa hogaya
Jaan liya ab kuch khaas na hoga
Milenge kahin na kahin hum
Yeh umeed aur wadaa khud se hogaya

Teri Yaad

Ab bhi jab aati hai teri yaad

Toh pagal dil poochta hai bas ek sawaal

Ki kya woh tumhari muskanein jhooti thi ya thi ik misaal

Hum jis pe fida the kya wohi hai uska haal

Ab bhi jab tere hathoon ke kangan ki

Aati hai awaaz

Yeh dil dhadhak ta hai zor se ki shayed

Ki aaraha hai mera yaar

Aaj bhi jab-kisi gali se nikalta hoon toh yeh

Log ajnabi se lagte hai

Yeh pagal zehn in mein bhi tera chehra

Doondhta rehta hai

Tere saaye ki jhalak ab bhi dil dekhne ko betaab hai

Teri mehak hawaoon mein ab bhi failne ko shadaab hai

Ab bhi jab aati hai teri yaad

Toh dil ko milta hai bas yeh jawaab

Ab bhi jab aati hai teri yaad

Darwazah

Qadam phoonk phoonk ke rakhna yeh gali meri hai

Zara sambhal ke chalna yeh ghar aur diwaar nayi hai

Is dar pe aayenge bahut apna faqeer-e-dil haal leke

Yahaan dastak tum nahi dena yeh dil kisi aur ke naam se
dhadakta hai

Yeh ek sawaal hargiz na poochna ki, kon rehta hai wahaan

Uska naam yun ruswaa aur badnaam hone hargiz ne denaa

Kuch gharwale ander hi ache lagte hai jenaab

Unko ander hi rehne do, bahar ki duniyaa na dikhana

Khudgarz

Khudgaraz hoke hum kabhi yunhi chalein jayenge

Is dard ko leke, kabhi yunhi mit jayenge

    Aalam udasi ka kya rahaa, kya maloom

    Bas udaasi rahi shayed yehi maloom

Marham-e-dil ko nikle the hum leke

Ghum hojayenge us dard mein, yun maloom

    Ab yeh dard-e-dil azaab nahi lagta

    Kisi takleef se mareez-e-ishq nahi lagta

Bas karne ab woh ki kitna dard de khudara

Yunhi koi apna aise tadpayee acha nahi lagta

    Hogayi hai bekhayali is jism ko ab

    Aadat marz ka lag gaya hai is rooh ko ab

Nahi hoga ab kisi se jo ho chuka hai yahaan

Kya pata Malik isko shayed ishq kehte hai wahaan

Dua

Asar dua ka itna zayadah howa tha ki

Baat nikli hi thi aur woh saamne hazir tha

> *Yeh kya ki kuch pal ke liye mein ghabra gaya*

> *Muskurakar jab usne salaam kiya tha*

Mere yeh lab jung-e-halaal mein the ki mein

Woh kon sa lafz kahoon jo mujhe yaqeen dilade

> *Kuch hosh ahista ahista aane laga tha mujhe*

> *Joon hi usne mere haath ko chune laga tha mujhe*

Yeh mein kis ajeeb kashmakash mein tha

Jo pehle dua ki aur ab shayed khawaab mein tha

> *Dimaag dil se ladne laga tha*

> *Paagal kuch aur maangta yeh kehne laga tha*

Dil bechara khamosh sa aur muskuraya

Jeena isi keliye hai aur iske alawa kya karta

> *yeh jung to sadiyoon se aur chalti jayegi*

> *dil dimaag ko haraye baat yunhi nikal jaayegi*

Dastak

Yeh kisne dastak di dilpe

Yeh kon aaraha hai dar pe

    Ki qaraar dil ko ab nahi hai

    Yeh kon raasta pooch raha hai

Lagta hai koi jaana pehchana shayed ajnabi sa hai

Ab jisse poora hawa ka rukh palat gaya hai

    O Rabba! Mujhe thoda sambhal ne do

    Meri sansoon ko kam se kam aaraam toh do

    Na jaane kyun aane wala dhadkanein le raha hai

    Kahi yeh koi purana rishta toh nahi laraha hai

Yeh kon baar baar mujhe awaaz de raha hai

Koi kehdo mere dil ka darwazah khula hai

    Yeh kon meri jaan yun leraha hai

    Kon darr pe aake dastak de raha hai

    Ki qaraar ab dil ko nahi hai

    Yen kon raasta bhatak ke yahaan aaya hai

Mujhe jeene do

Mujhe kehna hai
> Mujhe kehne do, mujhe kehne do

Mein jeeta hoon
> Mujhe jeene do, mujhe jeene do

Hai shooq mujhe kuch karne ka
> Mujhe karne do, mujhe karne do

Gar teri khudgarzi hai toh
> Mujhe marne do, mujhe marne do

Mera hunar hai meri azaadi
> Mujhe udne do, mujhe udne do

Tera pyar hai meri barbaadi
> Mujhe jalne do, mujhe jalne do

Yeh sarhad hai narazgi
> Isse hatne do, isse hatne do

Yeh nadiyaan hai awargi
> Inhein behne do, isse behne do

Mujhe kehna hai
> Mujhe kehne do, mujhe jeene do

Hain shooq mujhe kuch karne ka
> Mujhe udne do, mujhe udne do

Mera hissa mera qissa hai

Ek mukhtasar sa qissa hai
Yeh meri zindagi ka hissa hai
>Dhadkan ek naam pe ruki hai
>Uske aage yeh kuch soochti nahi hai
Hum bahut dhoond ke, unhein mile
Joon usne kahaa koi moqa nahi hai
>Mera kya alfaaz hota unse
>Mein bas khamoshi se,guzra hai
Woh bas ek pal tha jab se
Meine khud ko khud se mila diya hai
>Woh mukhtasar sa qissa tha
>Woh meri zindagi ka ek chota sa hissa tha
Ab zindagi azaad si lagti hai
Na koi sarhad na koi bandish si lagti hai
>Mein ab khud ko khud mein hoon
>Yeh moqa mein tab se khoya hoon
Ab zindagi mujhe doondti hai
Woh har baar milne ko moqa doondti hai
>Woh mukhtasar sa qissa tha
>Ab yeh meri zindagi ka qissa hai

Chalein

Chalein hum chale jaate
Bahut door aake ruk jaate
    Phir thehar ke soch mein padte
    Ki hum kahaan aake ruk gaye
Dekh ke jab manzil ko
Humne bahut tehh kiye

Jo pehle paata hai
Haq zayadah ussi ka hota hai
    Jo baad mein aata hai
    Woh kam paata hai
    Kya yeh mohabbat hoti hai
Kisi ka hissa yeh nahi ki
Woh mohabbat ka mohtaj ho
Har kisi ke hisse mein khubsurati nahi
Har kisi ke bas mein ishq nahi

Kyun aisa hota hai

Aisa kyun hota hai
Dil ajeeb bahut ajeeb hota hai

Jab jab hum tumhari yaad mein
Kahin kisi duniya mein ghum hota hai

Na apni pata, na duniya ka hota hai
Bas woh ehsaas rooh ke milne ka hota hai

Haalat-e-jigar ki naadaniyaan aisi
Hum sawaal dar sawaal karte hai
Aur woh haalat-e-khamosh mein hota hai
Aisa kyun hota hai

Kya hota hai aaram, kya rihaayi hoti hai
Bas jis aalam mein hum tum hote hai

Jaise zindagi ka guzar hota hai
Aisi be basi si yeh kyun hoti hai
Kaash na mili hoti yeh zindagi
Na tumhara zikr hota is mein

Na zamane mein dastaan hamari hoti
Toh aisa nahi hota
Kyun aisa hota

Awaaz de do

Arsa hogaya humein awaaz dete hoye

Tum apne kanu pe se pardah hata do

Tum dil se be-dili ko rukhsat karo

Suno sadiyon ki sada aur alvida karo

    Humein maloom hai haalat-e-dil ki gustakiyaan

    Yeh ranjish aur bechaniyaan

Na jaane hamari awaaz ka irada kya

Tum bas pukar lo aur awaaz do

Yeh intizaar ka dum toot jata, haar jaata, keh do.

    Ki aaj ka gham ajeeb si dawat leke aaya

    Kya pata tumhein yaad kyun kiya, dastak leke aaya

Na tera ghar,na dar,na har koi pata leke aaya

Tu bas ek sharat leke aaya,awaaz dedo,keh do

    Arsa hogaya awaaz dedo

Din-ba-din

Woh din kaisa aaya ki tum mile

Aur din-ba-din har din tum mile

Kaash aisa na hota ki

Us din tum nahi balki sirf din milta

    Tabse ab tak humne bahaya samundar

    Hanse ,rooye aur saath saath hum kho gaye

    Aur lag gayi aag zamane mein aisi

    Aaj bhi hum sirf us din ko kose

Na milte tum,na hota pyar

Na rehta baar baar tumhara intizaar

Woh din ka irada aur hamari

Zindagi mein itna izafah ki hum beqaraar

    Kaash na hota iqraar,na hoti takraar

    Na rooh milti, na apna pan lagta yaar

    Humein roohani azaab howa hai sarkaar

    Bas kardo, rehaayi aur bhakash do aaraam beshumaar

Aisa Kyun

Yeh wohi zamana dikh raha hai humein

Jahaan sirf ehsaas ke,aur se

Rishta banta aur nabhata jaata tha

Aajkal waisi kafiyat si lagti hai

    Tumhari khabar hum khud lete hai

    Ki koi tumhara pata nahi humein

    Be-mana sa yeh safar lagta hai mujhe

    Tum saath nahi-saaya nahi-sirf hum

Tumhein tamanna karta hoon tumhari chahat hai

Mujhe tumhari bahut zaroorat hai-zaroorat hai

Kya ek pal keliye bhi tum nahi aawoge ab

Meri kaifiyat ab marne si lagti hai

    Jaane kyun mein bechain hoon- aisa kyun

    Tum nahi ho saath mana meine- phir yun

    Aisa kyun,na woh zamana mila na khabar ka pata

Na dar,aata pata,meri ab marne si haalat hogayi

Hum hai

Lamha tha ki guzar gaya
Hum zindah hai yeh pata chala
    Abhi takat baqi hai
    Abhi zindagi kaafi hai
Tha jo saath,saath hai
Ussi ke saath hum zindah hai
Wohi jism ki,rooh ki taakat bani hai
Ussi se zindagi,bahut kaafi rehti hai
    Kitni khushqismati hai hamari- hum hai
    Yeh saans-dhadkan aur rooh baqi hai
    Kya talab karein hum aur zindagi se
    Diya jo diya- humein wohi kafi hai

Random verses

1. Mere pass na pata hai uska na khabar
   Uska ehsaas lub lubata hai deta hai jabar
   Keh do unse hamari ashiqui ki hadd ka
   Falak se zameen tak aana hoga magar

2. Keh do woh do lafz
   Jinke jaanne se bahaar ho
   Ki kuch alfaaz baqi rakh
   Abhi zindagi ke muqaam bahut hai

3. Bechani ki halat rumi se sikhi
   Ishq humne magar aajizi se sikhi
   Kar dena na reha apne dawaan se humein
   Tumse milna humne apni rooh se sikhi

4. Kaash unki rooh ek baar maanti
   Ki hum bhi inka intizaar sadiyon se kar rahe hai
   Rumi agar phir bhi yeh jaan pate ki
   Inki ho ba ho koi aur bhi baqi hai

5. Our thoughts once appear into

6. *Kitne lafz hi chune humne phir se ghalib*
    Ishara tak samjah nahi aaya meer ko
    Gar agaaz tak rahe na rahe
    Anjaam ka pehle se hi pata tha ameer ko

7. *Look into the mirror,*
    You don't need to know yourself
    For him, they and i
    Let him define you

8. *My soul shaken*
    And gets refreshed
    When I recall
    Your name even

9. *Come back in*
    Call me again
    I am dying to see you
    Touch for the remedy
    Kiss for the cure
    Hold for the hell
    Call again for me

10. *I don't even imagine*
    How beautiful nature is

But trust me for, it is
Not the word you said

11. I never ask for a cure
The disease is not a cause

12. A thought in
Is not enough, a
Practice on its well is
You have a feel in you

13. Keep telling the truth
I know it will
Let you
Down
But
You may
Be the light what
You deserve to be

14. Rumi is innocent in the way
I am following like a bay

15. Time has one
Innocency
It

Teachs
For the last time

16. *A sin can't let me sleep*
    Until I ask I don't

17. *Ae dil zara mushkil hai unki yaad lana*
    Pagal kuch aur ishaara dedo bhool jana
    Zara sa kya dekha usne meri aadat
    Ab toh kambhakt pyar karne baitha

18. *Eye has its vision till like*
    Don't hesitate to see the truth

19. *Do you know why you live*
    You have to answer for
    Be prepared to better

20. *The load is not heavy*
    It is what we have made

21. *Taking a serious step*
    Doesn't mean you have a full basket
    Look how inept you are
    In the counting of these fruits

22. *Every possibility is in mean*
    You are prayed for and praised

23. *The way that you are on'*
    Just turncoat

24. *Don't look at my-me*
    I am worst in you

25. *Teri fikr kya karoon tu bemisaal hai lajawaab*
    Is khali pann ka kya karoon kaise inkaar kya jawaab

26. *Kon sa raasta teri aur jaata hai zara keh do*
    Bhatakte raahi ko sambhal ke apna haath dedo

27. *Don't be greedy, earn money and give it to me*

28. *Yun humne ajeeb si shikayat ki*
    Na jaane kyun yeh bhagawat ki
    Farz tha ki garz tumhara ho
    Jaan booch ke yeh inayat ki

Zindagi Duniya

Jaane kyun khawaab sare khawaab hi reh gaye

Dekhe howe bhi chehre sare pather hogaye

Kya aisi aadat hum is zindagi mein rakhte hai

Ki sab hoke bhi hum is duniya mein khali rehte hai

> Bhool jana ab sawaal hai mujh pe
>
> Aur rehayi zindagi ko dena azaab hai
>
> Maang bhi rahi hai kya zindagi
>
> Dekh lo dene keliye mere pass kuch nahi

Bin sahare hum chal nahi paaye

Kabhi khud ke saaye se kabhi

Tera haath pakkad ke hi yaar

Ab na saaya hai na koi saath

> Par hum hare bhi nahi is duniya se
>
> Haan saath guzaar guzaar ke guzar jayenge
>
> Woh hamari jeet aur jeet ke hi haar hogi
>
> Zindagi tujhe Mubarak tu saath rahegi

Kam zayadh ka toh gham nahi karna

Zindagi tu har mushkil paar karna

Chahe koi saath de ya saaya hi bhi

Teri manzil tujhe yaad hai ruk na nahi

Bahut sare sawaal karti hai yeh

Yeh duniya kisi se bhi matlab rakhti hai

Hara deti hai aur kamzor karke rula deti

Tumhein sab pata hai isiliye dhayaan rakhti hai

Waqt ka kya bharosa zindagi

Kab kisi ka saath aur haath chod de

Tum gar saath ho toh humein

Waqt aur duniya ka koi gham nahi

Ahista ahista har harkat pata chali

Duniya ki bahut buri niyyat pata chali

Rang aur roop banake humein yeh

Rang deti, isse pehle ki hum isse chale gaye

Ab kya haar aur kya jeet hai

Duniya ko bhol do hum ajeeb hai

Kisi ki niyyat aur kisi ka dar

Dono hi zaleel hai aur hamare dil be asar hai

Ek uljhan thi
Na jaane kya thi
 Kuch ajnabi sa tha mann
 Hum! Shayed issi gham mein
Door dekh ke kuch nazar na aaya
Shayed yeh nazar hi kamzoor thi
 Mere jism pe koi haath pherta
 Koi shaks mujhe aisa milta
Meri uljhanoon ko suljhaata
Mujhe woh apna banata
 Is rooh ki silwatein
 Aake seedhi karta
Koi hota bagair kisi
Matlab ke apnata
 Mein zindagi mein yeh dua karta
 Dua mein uska chehra milta
Kabhi nazar se
Kabhi asar se
 Meri silwatoon ko
 Saaf karta
Yeh uljhan meri
Aake woh suljhata

Silwatein 2

Mujhe garz tha-umeed thi
Harf-harf ki pardadaari thi
  Mujhe mila tha woh
  Lekin har pal uski kami thi
Meri dua ki itni jaldi qabooliyat
Mujhe gumaan tha par galti thi
  Woh aaya chu gaya
  Mere jism mein se rooh gaya
Meri silwatoon ko woh
Apni adaa se see gaya
  Aadat bana gaya barbaad kar diya
  Kuch pal deke zindagi le gaya
Meri uljhanoon ko woh
Apne wajood se suljha gaya
  Baatein bahut ki usne
  Mein meri bhool gaya
Mein dhoondta reh gaya
Us jaisa koi mila nahi
  Yeh tab ki baat thi
  Aaj bhi mujhe akela kar gaya

Apni haraarat se woh
Meri silwatein badal gaya

    Sab lagaya kuch na raha
    Deke mujhe dua- zindagi se reha kar gaya

Tum hote toh

Tum hote toh
Mere jism mein
    Adaa hoti
    Adayein hoti
    Raham hota
    Khushi hoti
      Khusbu hoti
      Chain-o-sukoon hota
Tum hote toh
Meri rooh se
    Dua hoti
    Asar hoti
    Rahat hoti
    Manzar hota
      Dard hota
      Dil-o-jaan hota
Tum hote toh
Zindagi mein
    Aaraam hota
    Sukoon hota
    Kuch pal hota
    Rishta hota

Waqt haseen hota

Tumhara saath hota

Tum hote toh

Mein hota

Meri jaan hoti

Kuch armaan hote

Khawahish hoti

Ranj-o-gham hota

Tumhari baat hoti

Tumse mulakaat hoti

Tum hote toh

Yeh hota

Tum hote toh

Woh hota

Ab ke jab is duniya se

Nikal jayenge

Wahaan yeh sawaal ko

Duhrana nahi

Ki tum hote

Toh yahaan yeh hota

Tum hote toh

Wahaan woh hota

Yeh kis mausam ki baarish hai

Aaj ki ajeeb si hawayein

Jaise koi ajnabi si kahaniyaan

Na jaane yeh mausum ki badliyaan

Na rang hai na roop na suroor

     Yeh udaas udaas si boondein

     Aur is geele se badan ki ummedein

     Aaj yeh kis mausam ki baarishein

     Kyun kuch yaad hoke bhi bulaadiyein

Kahin ujde howe patte hai

Yeh alag alag parindoon ke jodein

Sab udaas baithe hai is mausam mein

Yeh na haseen aur na udaas lamhe

     Yeh kis mausam ki barish hai

     Yeh kon ajnabi sa aaraha hai

     Badaloon mein nami kaisi hai

     Yeh halki halki boondein kyun hai

Yeh kis mausam ki baarish hai 2

Pori raat neend nahi aayi

Aaj jo subah aankh khuli

Yeh ankhon mein kaisa nasha tha

Subah ki mehak mein kuch wajah tha

  Suni jo meine halki halki

  Kuch barish ki boondein

  Aaj mausum toh nahi tha

  Phir yeh kis mausam ki baarish hai

Yeh badaloon pe mere chatt pe dhere

Yeh narm taazi hawaoon ka ghera

Mere ghar mein kisi ka aana hai kya

Aaj shayed mera kuch hona hai kya

Daraa diya

Aah! shishei ki jaisi thi

Jo aar howa ya paar gayi

Na jaane aisi qabooliyat

Humse hamko badal gayi

 Pehle toh aise howa nahi karte the

 Yun khila khila nahi karte the

 Jaane ab kya hogaya hai

 Tumse khone ka darr lagta hai

Mujhe darr lagta hai

 Tumhein khone mein

 Tumse door jaane mein

 Door jake bahut door hone mein

Mujhe bahut darr lagta hai

 Tumhein koi dekhein

 Tumse baat karein

 Gawara nahi hota

Mujhe jalan hoti hai

Mujh mein aaj lagti hai

 Ab ishq ne mujhe

 Tumse darra diya

 Mere ho mere rehna

 Yeh maaf ya saaf

 Issi duniya mein karna

Sirf tum

Tark-e-taluk kiya hai tumse

Tumhari khatir kuch kiya hai tumse

    Haan jaanta hoon har raat rota hoon

    Par yeh sab kiya hai tumhari khatir tumse

Mein hoon jannat ka talabgaar

Jahannum tumko bhi nahi isiliye kiya hai tumse

    Woh yaadein bhool jaani hogi humko

    Zara si bhi nafrat nahi mohabbat ki hai tumse

Kuch toh khayaal kar ae aadam

Yeh jism hi nahi rooh bhi baant li hai tumse

    Yeh sab padh kar tum kya sochoge

    Tumhari zaat ko jannat ka raasta diya hai tumse

Kal koi poochega tumse kyun howa

Jawaab mein zikr na karna main tha hi nahi tumse

    Hamara bhi naam na liya jaaye ga

    Mehshar mein daman jude nahi tumse

Aaj ki raat toh nikal jayegi

Aage ka pata nahi, bas guzara waqt hai tumse

    Chal tu bhi apni raah pe nikal

    Mera tera rishta kabhi tha hi nahi tumse

Woh dekhta hoon

Pata hai

Tumhari tasveer, basri aur kuch Paigaam meine alag teh
mein rakhein hai

Jab subah ko ankh khulti hai

Woh dekhta hoon

Jab bahut zayadah sukoon hota hai

Woh dekhta hoon

Jab sham dhalti hai

Woh dekhta hoon

Jab kabhi akela mehsoos karta hoon

Woh dekhta hoon

Jab raat ho jati hai

Woh dekhta hoon

Jab bahut zor ki barish ho

Woh dekhta hoon

Yun kabhi dhoop mein hota hoon

Woh dekhta hoon

Jab gussa zayadh aata hai

Woh dekhta hoon

Jab pyar zayadh aata hai

Woh dekhta hoon

Jab qaraar zayadah aata hai

woh dekhta hoon

Jab yaad beshumar aati hai

Woh dekhta hoon

Nahi pata kab kab dekhta hoon

Mujhe maaf karna itna hi waqt milta hai

Tumhein dekhta hoon

Tum aaye nahi

Mein intizaar kar raha tha

Tum aaye nahi

Tum aate toh yeh shaam na aati

Tum na aaye dekh raat aagayi

Mein intizaar kar raha tha

Tum aaye nahi

Tum aate toh yeh be-waqt ki

Baarish na hoti

Tum na aate yeh sard hawa aagayi

Mein intizaar kar raha tha

Tum aaye nahi

Tum aate toh logoon ke sitam na hote

Tum aaye nahi itna zulm hum seh gaye

Mein intizaar kar raha tha

Tum aaye nahi

Kash

Kash tum mile hi na hote
Kash tumse baat hi na howi hoti
Kash yeh mulakaat hi nahi hoti
> *Tum se pyar nahi hota*
> *Dil ka daag nahi hota*
> *Tumse batein nahi howi hoti*
Kash tumse mulakaat nahi howi hoti
> *Tum se rooh na judi hoti*
> *Tum se saans na milayi hoti*
> *Tumhara saath na mila hota*
Kash tum mile na hote
> *Tumhari nazrein na yaad hoti*
> *Tumhari muskurahat na samne hoti*
> *Tumhari chaal na dikhi hoti*
Kash tum apne na hote
> *Tumse doori na hoti*
> *Yeh majboori na hoti*
> *Tumhara saath hi hota*
Kash tum pehle mile hote
> *Kuch aur baatein hoti*
> *Koi aur rishta hota*
> *Tum itne masoom na hote*
Kash tum sirf mere hote

Awaara ho

Koi asaan nahi hai yeh raat ka sajna
Jhoon chand pora shringhaar kare din bhar
    Jo sawaal kiya meine toh sharmaake boli
    Yun toh mein kisi ko jawaab nahi deti par
Par kya aisa mujh mein hai bola
Shayed kuch dikha ho alfaaz mein
    Tum bhi meri tarah awaara ho
    Jaante ho har baat aur phir poochte ho
Kyun aaj itni khubsurat ho tum
Ek sawaal aur poocha meine
    Chand ne chandni ki kasam di
    Ki yeh raaz rehne do jenaab
Raat ke akhri pal tale meine jaana
Chand chamakta hai toh bas ek baat hai
    Kal aane wala jo mehboob hai
    Subah subah par usko maloom hai
Har baar mulakaat adhuri rehti hai
Har baar yehi baat baki rehti hai

Tum pass aarahe ho

Aaj aisa lag raha hai ki

Tum pass aarahe ho jaise khusbu

    Jaane ajeeb ajeeb si aahatein hoo rahi hai

    Shayed tum pass aarahe ho yeh hawa hi hai

Koi chain nahi hai is dil ko ab

Na qaraar seene mein bhara hai

    Boldo ae hawa kya wohi yaar hai

    Jisse tum mehke yeh wadi beqaraar hai

Dekh ki mein aaya bhi hoon kahaan ab

Yeh sar sabz maidaan yeh hawa, badal

    Milna hamara yehi hoga shayed

    Mein intizaar mein hoon ab toh aaja

Yeh mehki mehki khusbu uski

Kahi mujhe be-rang na karein

    Yeh sard hawa ke jhonke

    Kahin meri jaan na nikal de

Aane wala shayed yehi ass pass hai

Yeh nazar meri kyun dundli howi hai

    Is haseen wadi mein mujhse

    Mera yaar milne wala hai

Aisi subah phir kab hogi

Har subah uthke tumse pyar karoon

Tere jism mein jake rooh pe war karoon

    Is rooh ko aise tadpawoon

    Jaan aur jism se pora lipatjawoon

Yeh tere ankhon ki angdayiyaan mere naam kar

Yeh dundli dundli subah ki nazar mere par kar

    Kuch hosh baki na rahe yahaan

    Suraj ki garmi ko tu soak yahaan

In kirnoon ko zara sa koi rokdo yaar

Abhi abhi koi aisa mila thoda karne do pyar

    Yeh sehmi sehmi saansein teri

    Hontoon se aane wali sard hawa jaisi

    Kuch subah ke nashe mein hi pilado

    Is waqt ko aaj ke din ko pora bigado

Dekh! Yeh suraj bhi rashq karne laga ab

Koi mohabbat ke pal ko judaai de raha ab

Nahi pata aisi subah phir kab hogi

Aisi mohabbat ki adaa phir kab hogi.

Khawaab

Woh pehli baar mulakaat tumse

Ek khawaab tha

Pehli baar tere shehar aana

Ek khawaab tha

Tumhare saamne baithein teri ankhein dekhna

Yeh kaisa khawaaab tha

Zindagi ke diye howe sare zakhm bhool jaana

Yeh kaisa marham tha

Tumse pehle bhi aaye the hazaroon kayi

Tumhare haathoon mein jadu tha

Woh kuch pal deke tumne juda kahaa

Mein bhi ro diya

Meine mulakaat ko akhri kahaa

Aur safar pe loota

Bas itna sa mila tha mein isse

Bahut kahaa

Na reh paye tum mere bina

Na jiya mein yun tere bina

Yeh kya howa tha

Woh dosri baar mulakaat tumse

Ek khawaab tha

Woh dosri baar tere shehar aana
Ek khawaab tha

    Tumse milna, yeh aadat hai ya dawa hai
    Tumse door rehna yeh saza hai ya gunaah hai
    Yeh raaz kya hai

Ab jo howa hai
Khawaab hai
Teri rag rag mein
Mera naam hai

    Yeh jo jism se rooh mili hai
    Tere khoon mein mera rang hai
    Meri rooh se tera jism hai
    Teri sansoon se meri dhadkhan
    Yeh kuch alag hai

Bahut lamba safar raha
Nadaan ne wadein hazaar kiye
Kabhi tumse, khud se, humse
Khawaab tha
Khawaab hai

    Kabhi sunto lo, mere kuch khawaab
    Khamoshi se, ankhein baandh toh lo
    Gehrayi mein dhoob toh ja
    Mere khawaab mein

Teri qasam sab tere naam
Yeh azaab-e-zindagi tu kar mere naam

Tere waste rishtoon ko bhi salaam

Tumhare waste mera yehi hai paigaam

> Tum suno mere khawaab
>
> Is nadaan dil ke haal
>
> Ab kuch na hoga kamaal
>
> Mein tere ishq mein badnaam

Ek khawaab

Tumse mehz itna sa maanga tha'

subah suraj ki kiran

tere roshan chehre pe padta

mein dekhta rehta bas dekhta rehta

> tumhare woh nakhrein taazi hawa
>
> jhonke jaise
>
> mein beh jaata haan beh jaata
>
> din se raat tak tumahare nakhrein
>
> uthata mein itrata
>
> yehi khawaab

sardi ke mausum mein

teri garm chader banta

barish mein chata

barf mein chatt ban jaata

> garmi aati toh mein
>
> thandi hawa banjaata
>
> dhoop mein saaya aur
>
> pyaas mein boond ban jaata

yehi khawaab sunata

choti so khawahish banta

> *tumhari umer thodi badti jo*
>
> *mein tumhari lathi banta*
>
> *tumhari kamzoor nazar ka*
>
> *shesha banta*

kaanpte haathon ka sahara banta

tumhari guza ka daant aur

paani ka chamach banta

> *chota sa khwaab hai*
>
> *mein teri neend banta*

tumhare safeed baaloon ka

kaala rang banta

budhape mein tumhari

jawaani banta

mein tum banta

tum mein banta

ek khawaab tha

koi isse such banata

> *safar se aate aate meine sab kuch*
>
> *tere naam kiya hai*
>
> *tum bhi nadaan rahe, na*
>
> *safar dikha na raahi mila*
>
> *bas khudgarz rahe.*

Bahut majbooriyaan rahi hongi

Tumhari

Azaad toh hum bhi kahaan the

Siyahkaar hum hi niklein hai

Daagdaar tum bhi nahi

    Ab ka khawaab na jaane kya hai

    Bahut hai shamein

    Ab shehar kya hai

    Mein ruka hoon ek kashmakash mein

    Kya sahi aur ab kya galat hai

Nahi jaanta tere shehar

Ka kab rukh hoga

Meri dil ki galiyaan

Soni aaj bhi hai

    Ek khawaab kahoon

    Chodein us ander ke zalim ko

    Tu aa meri duniya khali hai

    Bahut rang hai

    Rangeen mizaj hai

Yeh ghazal akhri hai meri

Par faisila tera rahega

Mein khada hoon qalam ki nook pe

Raaste hamesha tera hi rahega

Mein girr jawoon jaise

Siyahi

Tum banjaana dawaat ka samundar

Mera naam jo le koi

Mujhe behra bana dena ander hi ander

Kabhi koi mujhe takleef kahein

Tum hasaa dena banke bander

Yun faisila karna

Jaise badlein mera muqaddar

 Ek khawaab tum kahoo

 Kya mein intizaar karoon

 Ruk ke zindagi pe war karoon

 Tum kaho toh

 Sari khushiyaan tumpe haar karoon

 Kuch toh bol

 Zubaan toh khul

 Baat toh bata

 Raaz toh dikha

Kabhi milna

Dena mulakaat mere shehar mein

Agar tum ijazat do

Zindagi ke akhri dum mein

Kabhi tum milna

Kabhi mein

Wahaan bhi ek khawaab ho

Jis mein sirf tum aur mein

Bas tum aur mein.

Jawaab-e-khawaab

Tum aaye

Ek khawaab tha

Tum mile

Ek khawaab tha

Tumne chowa

Ek haqeeqat thi

Tumne apna sab kuch mujh mein samaya

Sab haqeeqat hai

Mein tere saath

Tum mere saath ho

Sab haqeeqat hai

Mein tum mein samagaya

Haqeeqat

Tum mujhe mein

Sab haqeeqat

Tum hisaab maangte ho kuch saloon ka

Yahaan humne zindagi tumhare naam ki

Tum aaye ek naram hawa ki tarah

Sukhe patte ko zindagi de gaye

Tumhare siwa koi zindagi nahi

Zindagi ke siwa tum nahi

Khawaab samjho ya haqeeqat

Tumne chowa toh zindagi mehsoos howi

Tumne choda toh khawaab toota

Aur

Bas.

BOOK OF SILENCE

(Your words)

BOOK OF SILENCE

(Your words)

Khawaab samjho ya haqeeqat

Tumne chowa toh zindagi mehsoos howi

Tumne choda toh khawaab toota

Aur

Bas.

9 789356 115354